DEN VÄSENTLIGA ASIATISKA KOMFORT MAT GUIDE

100 själstillfredsställande smaker från hjärtat av det asiatiska komfortköket

Oskar Bengtsson

Copyright Material ©2023

Alla rättigheter förbehållna

Ingen del av denna bok får användas eller överföras i någon form eller på något sätt utan korrekt skriftligt medgivande från utgivaren och upphovsrättsinnehavaren, förutom korta citat som används i en recension. Den här boken bör inte betraktas som en ersättning för medicinsk, juridisk eller annan professionell rådgivning.

INNEHÅLLSFÖRTECKNING

INNEHÅLLSFÖRTECKNING **3**
INTRODUKTION **6**
KOREANSK KOMFORTMAT **7**
  1. Hotteok med grönsaker och nudlar 8
  2. Äggbröd 11
  3. Varm och kryddig riskaka 13
  4. Koreansk-amerikanska skaldjurspannkakor 15
  5. Vegansk Bulgolgi smörgås 18
  6. Koreansk bacon och äggkaka 20
  7. Koreanskt curryris 22
  8. Zebra äggrulle 24
  9. Valnötskakor med koreansk spis 26
  10. Street Toast Sandwich 28
  11. Friterad grönsak 30
TAIWANESISK KOMFORTMAT **33**
  12. Taiwanesiska fisktempura 34
  13. Tamsui fiskbollar 36
  14. Stinkande tofu 38
  15. Taiwanesiska köttbullar 40
  16. Taiwanesiska popcornsvampar 43
  17. Taiwanesisk Popcorn Kyckling 45
  18. Taro bollar 47
  19. Stekt svamp 49
  20. Grillad bläckfisk 51
  21. Taiwanesiskt malet fläsk och inlagd gurka 53
  22. Taiwanesiskt bräserat fläskris 55
  23. Taiwanesisk sesamolja kycklinggryta 57
  24. Taiwanesiska dumplings 59
  25. Kyckling med tre koppar i taiwanesisk stil 61
  26. Taiwanesiska fläskkotletter 63
  27. Flamma grillade biffkuber 65
  28. Taiwanesisk bräserad fläskrisskål 67
  29. Taiwanesisk Sticky Rice Korv 69
  30. Pork Jerky i taiwanesisk stil 71
  31. Taiwanesiska Rullris 73
JAPANSK KOMFORTMAT **76**
  32. Tofu i svartpepparsås 77
  33. Agedashi Tofu 79
  34. Sesam shiso ris 81
  35. Japansk potatissallad 83
  36. Natto 85

37. NASU DENGAKU 87
38. RAMEN NUDELPANNA MED BIFF 89
39. OSTLIK RAMEN CARBONARA 91
40. FYRA -INGREDIENS RAMEN 93
41. RAMEN LASAGNE 95
42. VARM FLÄSKKOTLETT RAMEN 97
43. MISO FLÄSK OCH RAMEN 99
44. BAKAD KYCKLING KATSU 101
45. HAYASHI NÖTFÄRS CURRY 103
46. KYCKLING TERIYAKI 105
47. JAPANSK LAXSKÅL 107
48. KYCKLING I GRYTA/MIZUTAKI 109
49. JAPANSK INGEFÄRA HAVSABBORRE 111
50. JAPANSK FANCY TERIYAKI 113

INDISK KOMFORTMAT 115
51. CHICKEN TIKKA RISSKÅL 116
52. CURRY BRUNRISSKÅL 118
53. OSTRISSKÅL _ 120
54. INDISK FÅRKÖTT CURRY RIS SKÅL 122
55. INDISK KRÄMIG CURRYSKÅL 124
56. INDISK CITRONRISSKÅL 126
57. INDISK BLOMKÅL BUDDHA SKÅL 128
58. INDISK GRILLAD LINSSKÅL 130

KINESISK KOMFORTMAT 132
59. KINESISK KYCKLING STEKT RIS 133
60. KRYDDIG GRÖNSAKSSKÅL 135
61. KINESISK GROUND TURKIET SKÅL 137
62. NÖTFÄRSRISSKÅLAR 139
63. KRISPIG RISSKÅL 141
64. SALTA STICKY RICE BOWL 143
65. HOISIN BEEF BOWL 145
66. RISSKÅL MED FLÄSK OCH INGEFÄRA 147
67. VEGANSK POKE BOWL MED SESAMSÅS 149
68. CHILI KYCKLING RISSKÅL 151
69. TOFU BUDDHA SKÅL 153
70. DAN RICE BOWL 155
71. MALET KYCKLINGRISSKÅL 157
72. CITRONNUDELSKÅL _ 159
73. VITLÖK OCH SOJA KYCKLING RIS SKÅL 161

VIETNAMESISK KOMFORTMAT 163
74. BANH MI RISSKÅL 164
75. NÖTKÖTT OCH CRISPY RICE 166
76. KYCKLING OCH SIRARCHA RISSKÅL 168

77. CITRONGRÄS BEEF NUDEL SKÅL 170
78. GLASERAD KYCKLINGRISSKÅL 172
79. VITLÖKSRÄKOR VERMICELLI 174
80. NUDELSKÅL FÖR KYCKLINGDUMPLING 176
81. KYCKLING RIS SKÅL 178
82. RISSKÅL MED KRYDDIG NÖTKÖTT 180
83. KARAMELLISERAD KYCKLINGSKÅL 182
THAI KOMFORT MAT 184
84. THAI JORDNÖT KOKOS BLOMKÅL KIKÄRTSCURRY 185
85. WOKADE ZUCCHINI OCH ÄGG 187
86. VEGGIE PAD THAI 189
87. KROSSAD POTATIS MED CHILE I THAILÄNDSK STIL 191
88. SPAGHETTI SQUASH PAD THAI 193
89. ÅNGADE KLIMPAR MED SHIITAKESVAMP 196
90. THAILÄNDSK TOFU SATAY 199
91. THAILÄNDSKA WOKADE NUDLAR MED GRÖNSAKER 202
92. THAILÄNDSKA RISNUDLAR MED BASILIKA 205
93. ANANAS STEKT RIS 207
94. THAI KOKOSRIS 209
95. THAI GULT RIS 211
96. WOKAD AUBERGINE 213
97. THAILÄNDSKA WOKADE GRÖNSAKER 216
98. THAIRÖRD SPENAT MED VITLÖK OCH JORDNÖTTER 218
99. THAILÄNDSK SOJABÖNA I KÅLKOPPAR 220
100. THAIBAKAD SÖTPOTATIS OCH UBE 222
SLUTSATS 224

INTRODUKTION

Välkommen till "DEN VÄSENTLIGA ASIATISKA KOMFORT MAT GUIDE", ditt pass till 100 självtillfredsställande smaker från hjärtat av det asiatiska komfortköket. Denna guide är en hyllning till de rika, tröstande och mångsidiga kulinariska traditioner som definierar komfortmaten i Asien. Följ med oss på en resa som går bortom det välbekanta och bjuder in dig att utforska värmen, nostalgin och glädjen som kommer med varje rätt.

Föreställ dig ett kök fyllt med lockande dofter av sjudande buljonger, doftande kryddor och fräsandet av tröstande röror. "DEN VÄSENTLIGA ASIATISKA KOMFORT MAT GUIDE" är mer än bara en samling recept; det är en utforskning av ingredienserna, teknikerna och kulturella influenser som gör det asiatiska komfortköket så djupt tillfredsställande. Oavsett om du har rötter i Asien eller helt enkelt uppskattar smakerna av asiatisk matlagning, är dessa recept skapade för att inspirera dig att återskapa de hjärtvärmande smakerna som ger tröst till själen.

Från klassiska nudelsoppor till självfulla risrätter och sötsaker, varje recept är en hyllning till de tröstande smakerna och kulinariska teknikerna som definierar asiatisk komfortmat. Oavsett om du letar efter tröst i en skål med pho, njuter av enkelheten i congee eller njuter av sötman från asiatiskt inspirerade desserter, är den här guiden din bästa resurs för att uppleva hela spektrat av asiatiskt komfortkök.

Följ med oss när vi gräver ner i hjärtat av asiatisk komfortmat, där varje skapelse är ett bevis på den värme och nostalgi som dessa självtillfredsställande smaker ger till bordet. Så, ta på dig ditt förkläde, omfamna de tröstande aromerna och låt oss ge oss ut på en smakrik resa genom "DEN VÄSENTLIGA ASIATISKA KOMFORT MAT GUIDE."

KOREANSK KOMFORTMAT

1.Hotteok med grönsaker och nudlar

INGREDIENSER:
FÖR DEGEN
- 2 tsk torrjäst
- 1 kopp varmt vatten
- ½ tsk salt
- 2 koppar universalmjöl
- 2 matskedar socker
- 1 matsked vegetabilisk olja

FÖR FYLLNING
- 1 matsked socker
- 3 uns sötpotatisstärkelsenudlar
- ¼ tesked mald svartpeppar
- 2 msk sojasås
- 3 uns asiatisk gräslök, skuren liten
- 1 medelstor lök, tärnad i små
- 1 tsk sesamolja
- 3 uns morot, i små tärningar
- Olja för matlagning

INSTRUKTIONER:
a) För att göra degen, blanda ihop socker, jäst och varmt vatten i en skål, blanda tills jästen har smält, blanda nu 1 matsked vegetabilisk olja och salt, blanda väl.
b) Rör ner mjölet och blanda till en deg, en gång slät låt vila i 1 ¼ timme för att jäsa, slå ut eventuell luft under jäsningen, täck över och lägg åt sidan.
c) Koka under tiden upp en kastrull med vatten och koka nudlarna, rör om då och då, koka i 6 minuter med lock på.
d) Uppdatera under kallt vatten när de blivit mjuka och låt rinna av.
e) Skär dem i ¼ tums bitar med en sax.
f) Tillsätt 1 msk olja i en stor stekpanna eller wok och stek nudlarna i 1 minut, tillsätt nu socker, sojasås och svartpeppar under omrörning.
g) Tillsätt gräslök, morot och lök och blanda väl.
h) Ta av värmen när du är klar.

i) Lägg sedan 1 matsked olja i en annan stekpanna och värm upp, när den är varm minska värmen till medium.
j) Smörj handen med olja, ta ½ kopp av degen och tryck till en platt rund form.
k) Tillsätt nu lite fyllning och vik upp kanterna till en boll, försegla kanterna.
l) Lägg i stekpannan med den förseglade änden nedåt, koka i 30 sekunder och vänd sedan på den och tryck ihop den så att den blir cirka 4 tum rund, gör detta med en spatel.
m) Koka i ytterligare 2-3 minuter tills den blir krispig och gyllene överallt.
n) Lägg på hushållspapper för att få bort överflödigt fett och upprepa med resten av degen.
o) Servera varm.

2.Äggbröd

INGREDIENSER:
- 3 matskedar socker
- 1 tsk bakpulver
- 1 msk osaltat smör, smält
- ½ kopp universalmjöl
- En nypa salt
- ½ tesked vaniljextrakt
- 4 ägg
- 1 st mozzarellaost, skuren i 6 bitar
- ½ kopp mjölk
- 1 tsk matolja

INSTRUKTIONER:
a) Blanda salt, mjöl, socker, smör, vanilj, 1 ägg, bakpulver och mjölk, vispa tills det blir slätt
b) Värm spisen till 400°F och smörj 3 små brödformar med olja, formarna ska vara cirka 4×2×1 ½ tum.
c) Häll smeten i formarna lika mycket, fyll dem halvvägs.
d) Placera 2 bitar ost i mixen runt utsidan och lämna mitten klar.
e) Knäck sedan 1 ägg i mitten av varje burk.
f) Tillaga i ugnen på mitten av gallret i 13-15 minuter, beroende på hur du vill ha ditt ägg tillagat.
g) Ta när den är klar och servera varm.

3.Varm och kryddig riskaka

INGREDIENSER:
- 4 koppar vatten
- 6×8-tums torkad kelp
- 1 pund cylinderformad riskaka
- 7 stora ansjovisar, rensade
- ⅓ kopp koreansk-amerikansk pepparpasta
- 3 salladslökar, skurna i 3 tums längder
- 1 matsked socker
- ½ pund fiskkakor
- 1 msk pepparflingor
- 2 hårdkokta ägg

INSTRUKTIONER:
a) Lägg kelp och ansjovis i en grund kastrull med vatten och värm, koka i 15 minuter utan lock.
b) Använd en liten skål, blanda ihop pepparflingorna och klistra med sockret.
c) Ta ut kelpen och ansjovisen från pannan och lägg i riskakan, pepparmixen, salladslöken, äggen och fiskkakan.
d) Fonden ska vara cirka 2 ½ koppar.
e) När det börjar koka, blanda ihop försiktigt och låt det tjockna i 14 minuter, nu ska det se blankt ut.
f) Tillsätt lite extra vatten om riskakan inte är mör och koka lite längre.
g) När du är klar stäng av värmen och servera.

4. Koreansk-amerikanska skaldjurspannkakor

INGREDIENSER:
FÖR PANNKAKKARNA
- 2 medelstora ägg
- 2 koppar pannkaksmix, koreansk-amerikansk
- ½ tsk salt
- 1½ dl vatten
- 2 uns musslor
- 12 medelstora salladsrötter, skurna
- 2 uns bläckfisk
- ¾ kopp vegetabilisk olja
- 2 uns räkor, rensade och deveirade
- 4 medelstora chilipeppar, skivad i vinkel

TILL SÅSEN
- 1 matsked vinäger
- 1 msk sojasås
- 4 medelstora chilipeppar, skivad i vinkel
- ¼ tesked vitlök
- 1 matsked vatten

INSTRUKTIONER:
a) Tillsätt lite salt i en skål med vatten och skölj och låt rinna av skaldjuren, lägg vid sidan om.
b) Blanda sedan ihop med en separat skål, vatten, röd och grön chili, sojasås, vitlök och vinäger, lägg åt sidan.
c) Vispa ihop äggen, pannkaksblandningen, kallt vatten och salt med en annan skål till en krämig slät.
d) Lägg på en stekpanna, smörj lite och värm upp.
e) Använd ett mått på ½ kopp och häll blandningen i den varma stekpannan.
f) Svep runt för att jämna ut blandningen, lägg nu 6 bitar salladslök ovanpå, tillsätt chili och skaldjur.
g) Tryck lätt ner maten i pannkakan och lägg sedan ytterligare ½ kopp av blandningen över toppen.
h) Koka tills basen är gyllene, cirka 5 minuter.
i) Vänd nu pannkakan försiktigt, tillsätt lite olja runt kanten och koka i ytterligare 5 minuter.
j) När det är klart, vänd tillbaka och ta ut ur stekpannan.
k) Gör likadant med resterande smet.

5.Vegansk Bulgolgi smörgås

INGREDIENSER:
- ½ medelstor lök, skivad
- 4 små hamburgerbullar
- 4 röda salladsblad
- 2 koppar sojakrullar
- 4 skivor vegansk ost
- Ekologisk majonnäs

FÖR MARINADEN
- 1 msk sesamolja
- 2 msk sojasås
- 1 tsk sesamfrön
- 2 msk agave eller socker
- ½ tesked mald svartpeppar
- 2 salladslökar, hackade
- ½ asiatiskt päron, tärnat, om så önskas
- ½ msk vitt vin
- 1-2 gröna koreansk-amerikansk chilipeppar, tärnad
- 2 vitlöksklyftor, krossade

INSTRUKTIONER:
a) Gör sojakrusarna enligt instruktionerna på förpackningen.
b) Placera sedan hela ingredienserna för marinaden tillsammans i en stor skål och blanda till såsen.
c) Ta bort vattnet från sojakrusarna genom att försiktigt klämma.
d) Tillsätt lockar med den skivade löken i marinadmixen och täck överallt.
e) Tillsätt 1 msk olja i den heta stekpannan, tillsätt sedan hela blandningen och stek i 5 minuter, tills lök och lockar är gyllene och såsen tjocknar.
f) Rosta under tiden hamburgerbullarna med osten på brödet.
g) Smörj över majonnäsen, följt av curlmixen och avsluta med salladsblad ovanpå.

6.Koreansk bacon och äggkaka

INGREDIENSER:
FÖR BRÖDET
- ½ kopp mjölk
- ¾ kopp självjäsande mjöl eller multimjöl med ¼ tsk bakpulver
- 4 tsk socker
- 1 ägg
- 1 tsk smör eller olivolja
- ¼ tesked salt
- ¼ tesked vanilj essens

FÖR FYLLNING
- 1 skiva bacon
- Salt att smaka
- 6 ägg

INSTRUKTIONER:
a) Värm kaminen till 375°F.
b) Mixa med en skål, ¼ tsk salt, mjöl och 4 tsk socker.
c) Bryt ägget i blandningen och blanda väl.
d) Häll långsamt i mjölken, en liten mängd i taget, tills den blir tjock.
e) Spraya smörj en bakform och lägg sedan mjölblandningen över formen och forma den till 6 ovaler eller så kan du använda tårtpappersmuggar.
f) Om du formar, gör små fördjupningar i varje och knäck ett ägg i varje hål eller ovanpå varje kakform.
g) Hacka baconet och strö över var och en, om du har persilja till hands, lägg till lite också.
h) Koka i 12-15 minuter.
i) Ta ut och njut.

7.Koreanskt curryris

INGREDIENSER:
- 1 medelstor morot, skalad och tärnad
- 7 uns nötkött, tärnad
- 2 lökar, hackade
- 2 potatisar, skalade och tärnade
- ½ tsk vitlökspulver
- Krydda efter smak
- 1 medelstor zucchini, tärnad
- Vegetabilisk olja för matlagning
- 4 ounces currysåsblandning

INSTRUKTIONER:
a) Häll lite olja i en wok eller djup stekpanna och värm upp.
b) Krydda nötköttet och lägg i oljan, rör om och koka i 2 minuter.
c) Tillsätt sedan lök, potatis, vitlökspulver och morötter, stek i ytterligare 5 minuter och tillsätt sedan zucchinin.
d) Häll i 3 dl vatten och värm tills det börjar koka.
e) Sänk värmen och koka på låg i 15 minuter.
f) Tillsätt sakta currymixen tills den blir tjock.
g) Häll över riset och njut.

8.Zebra äggrulle

INGREDIENSER:
- ¼ tesked salt
- 3 ägg
- Olja för matlagning
- 1 msk mjölk
- 1 ark tång

INSTRUKTIONER:
a) Bryt arket med tång i bitar.
b) Bryt nu äggen i en skål och tillsätt saltet med mjölken, vispa ihop.
c) Ställ en stekpanna på spisen och värm med lite olja, det är bättre om du har en non-stick panna.
d) Häll i tillräckligt med ägg för att precis täcka botten av stekpannan och pudra sedan med tång.
e) När ägget är halvkokt, rulla ihop det och skjut det åt sidan av stekpannan.
f) Smörj sedan om det behövs och justera värmen om det är för varmt, lägg ytterligare ett tunt lager ägg i och pudra igen med fröet, rulla nu det första över den som kokar och lägg på andra sidan av pannan.
g) Upprepa detta tills ägget är färdigt.
h) Vänd upp på en bräda och skiva.

9. Valnötskakor med koreansk spis

INGREDIENSER:
- 1 burk azuki röda bönor
- 1 dl pannkaksmix eller våffelmix
- 1 tsk vaniljextrakt
- 1 matsked socker
- 1 förpackning valnötter

INSTRUKTIONER:
a) Gör pannkaksmixen enligt anvisningarna på förpackningen med det extra sockret.
b) När blandningen är klar, placera den i ett kärl med en pip.
c) Använd 2 kakformar om du inte har kan du använda muffinsformar, värm på spisen på låg värme, de kommer att brinna på högt.
d) Tillsätt blandningen i den första burken, men fyll bara halvvägs.
e) Tillsätt snabbt 1 valnöt och 1 tesked röd böna till varje ställ resten av blandningen i den andra burken.
f) Vänd sedan upp den första formen över toppen av den andra, placera formarna i ordning, koka i ytterligare 30 sekunder, när den andra formen är tillagad ta av värmen.
g) Ta nu av den översta formen och ta sedan ut kakorna på serveringsfatet.

10.Street Toast Sandwich

INGREDIENSER:
- ⅔ kopp kål, skär i tunna strimlor
- 4 skivor vitt bröd
- 1 msk saltat smör
- ⅛ kopp morötter, skurna i tunna strimlor
- 2 ägg
- ¼ tesked socker
- ½ dl gurka, tunt skivad
- Ketchup efter smak
- 1 msk matolja
- Majonnäs efter smak
- ⅛ tesked salt

INSTRUKTIONER:
a) Knäck äggen i en stor skål med saltet, tillsätt sedan morötter och kål, blanda ihop.
b) Häll oljan i en djupgryta och värm upp.
c) Tillsätt hälften av blandningen i stekpannan och gör till 2 brödformar, håll dem åtskilda.
d) Lägg nu till den återstående äggblandningen över toppen av de 2 i stekpannan, detta kommer att ge en bra form.
e) Koka i 2 minuter och vänd sedan och koka i ytterligare 2 minuter.
f) Lös upp hälften av smöret i en separat panna, när det är varmt lägg i två av brödskivorna och vänd så att båda sidorna absorberar smöret, fortsätt koka tills det är gyllene på båda sidor, cirka 3 minuter.
g) Upprepa med de andra 2 skivorna.
h) När den är tillagad läggs den på serveringsfaten och tillsätt ½ sockret till varje.
i) Ta den stekta äggblandningen och lägg på brödet.
j) Tillsätt gurkan och lägg på ketchup och majonnäs.
k) Lägg den andra brödskivan ovanpå och dela i två.

11. Friterad grönsak

INGREDIENSER:
- 1 färsk röd chili, halverad uppifrån och ned
- 1 stor morot skalad och skuren i ⅛ batonger
- 2 klasar enokisvampar, separerade
- 1 zucchini, skuren i ⅛ batonger
- 4 salladslökar, skurna i 2 tums längder
- 6 vitlöksklyftor, tunna skivor
- 1 medelstor sötpotatis, skuren i batonger
- 1 medelstor potatis, skuren i batonger
- Vegetabilisk olja för stekning

FÖR SMETEN
- ¼ kopp majsstärkelse
- 1 kopp universalmjöl
- 1 ägg
- ¼ kopp rismjöl
- 1 ½ dl iskallt vatten
- ½ tsk salt

TILL SÅSEN
- 1 vitlöksklyfta
- ½ kopp sojasås
- 1 salladslök
- ½ tsk risvinäger
- ¼ tesked sesamolja
- 1 tsk farinsocker

INSTRUKTIONER:
a) Lägg en kastrull med vatten på att koka upp.
b) Lägg morötterna, och båda typerna av potatis i vattnet, ta av värmen och låt stå i 4 minuter, ta sedan bort från vattnet, skölj, låt rinna av och torka med hushållspapper.
c) Blanda ihop salladslöken, zucchinin, vitlöken och röd paprika i en skål och blanda väl.
d) Till smetblandningen, alla torra ingredienser .
e) Vispa nu ihop vattnet och äggen, tillsätt sedan till de torra ingredienserna och blanda väl till en smet.

f) Gör sedan såsen genom att vispa ihop socker, vinäger, soja och sesamolja.
g) Finhacka salladslöken och vitlöken och rör sedan ner i sojamixen.
h) Tillsätt tillräckligt med olja i en wok eller djup stekpanna, oljan ska vara cirka 3 tum djup.
i) När oljan är varm, för grönsakerna genom smeten, låt överskottet droppa av och stek sedan i 4 minuter.
j) Låt rinna av och torka på hushållspapper när det är klart.
k) Servera med såsen.

TAIWANESISK KOMFORTMAT

12. Taiwanesiska fisktempura

INGREDIENSER:
- 1 pund vita fiskfiléer, skurna i lagom stora bitar
- 1 kopp universalmjöl
- ¼ kopp majsstärkelse
- ½ tsk bakpulver
- 1 tsk salt
- 1 dl iskallt vatten
- Vegetabilisk olja för stekning
- Citronklyftor (för servering)

INSTRUKTIONER:
a) Kombinera allsidigt mjöl, majsstärkelse, bakpulver och salt i en mixerskål.
b) Tillsätt gradvis det iskalla vattnet till mjölblandningen, vispa tills smeten är jämn och fri från klumpar.
c) Värm vegetabilisk olja i en fritös eller stor gryta till cirka 350°F (175°C).
d) Doppa fiskbitarna i smeten och se till att de är väl belagda.
e) Lägg försiktigt den smetade fisken i den heta oljan och stek tills den är gyllenbrun och krispig.
f) Ta bort fisken från oljan och låt rinna av på hushållspapper.
g) Servera den taiwanesiska Fish Tempura varm, tillsammans med citronklyftor för att pressa över fisken.

13.Tamsui fiskbollar

INGREDIENSER:

- 1 pund vit fiskfilé (som torsk eller tunga)
- ¼ kopp tapiokastärkelse eller majsstärkelse
- 2 msk fiskpasta
- 1 msk finhackad vitlök
- 1 msk sojasås
- 1 tsk sesamolja
- ½ tsk vitpeppar
- ¼ tesked salt
- 4 dl kycklingbuljong eller vatten

INSTRUKTIONER:

a) Pulsera fiskfiléerna i en matberedare tills de är finhackade.
b) Kombinera fiskfärsen, tapiokastärkelse eller majsstärkelse, fiskpasta, hackad vitlök, sojasås, sesamolja, vitpeppar och salt i en mixerskål. Blanda väl till en slät blandning.
c) Blöt händerna med vatten och forma fiskblandningen till små bollar.
d) Koka upp kycklingbuljongen eller vattnet i en kastrull.
e) Släpp fiskbullarna i den kokande buljongen och koka tills de flyter upp till ytan, vilket indikerar att de är genomstekta.
f) Ta bort fiskbullarna från buljongen med en hålslev och servera dem i en skål med din föredragna dipsås.

14.Stinkande tofu

INGREDIENSER:
- 1 block fast tofu
- 2 matskedar kinesiska jästa svarta bönor
- 2 vitlöksklyftor, hackade
- 1 msk sojasås
- 1 msk risvinäger
- 1 msk chilisås (valfritt)
- Vegetabilisk olja för stekning
- Inlagd kål eller kimchi (valfritt)

INSTRUKTIONER:
a) Skär tofun i lagom stora tärningar.
b) Mosa de jästa svarta bönorna i en liten skål med en gaffel.
c) Värm vegetabilisk olja i en djup panna eller wok för stekning.
d) Stek tofutärningarna i het olja tills de blir gyllenbruna och krispiga på utsidan. Ta bort och låt rinna av på en plåt med hushållspapper.
e) Värm lite vegetabilisk olja i en separat panna och fräs den hackade vitlöken tills den doftar.
f) Tillsätt de mosade jästa svarta bönorna, sojasåsen, risvinägern och chilisåsen (om du använder den) i pannan. Koka i en minut eller två för att kombinera smakerna.
g) Lägg de stekta tofutärningarna i ett serveringsfat och häll den svarta bönsåsen över dem.
h) Servera den stinkande tofun varm, eventuellt tillsammans med inlagd kål eller kimchi.

15.Taiwanesiska köttbullar

INGREDIENSER:
FÖR FYLLNING:
- 1 pund malet fläsk
- ½ pund räkor, skalade och hackade
- ½ dl bambuskott, finhackade
- ¼ kopp torkad shiitakesvamp, blötlagd och finhackad
- 2 msk sojasås
- 2 msk ostronsås
- 1 matsked socker
- 1 msk majsstärkelse
- 1 tsk sesamolja
- Salta och peppra efter smak

FÖR OMSLAG:
- 2 koppar klibbigt rismjöl
- 1 kopp vatten
- ½ tsk salt

FÖR SÅSEN:
- ¼ kopp sojasås
- ¼ kopp risvinäger
- 1 matsked socker
- 1 msk majsstärkelse
- ½ kopp vatten

INSTRUKTIONER:
a) I en mixerskål, kombinera alla fyllningsingredienser och blanda väl.
b) Blanda det klibbiga rismjölet, vattnet och saltet i en separat skål för att göra omslagsdegen. Knåda tills den är slät.
c) Ta en liten del av degen och platta ut den i handflatan. Lägg en sked av fyllningen i mitten och samla ihop kanterna för att försegla den, forma en boll.
d) Upprepa processen med resterande deg och fyllning.
e) Ångkoka köttbullarna i en ångkokare i ca 25-30 minuter tills de är genomstekta.

f) Medan köttbullarna ångar, förbered såsen. I en kastrull, kombinera sojasås, risvinäger, socker, majsstärkelse och vatten. Rör om väl och koka på medelvärme tills såsen tjocknar.

g) När köttbullarna är kokta, ta bort dem från ångkokaren och servera varma med såsen.

16. Taiwanesiska popcornsvampar

INGREDIENSER:

- 1 pund färska svampar, rensade och halverade
- ½ kopp universalmjöl
- ½ kopp majsstärkelse
- 1 tsk bakpulver
- ½ tsk salt
- ¼ tesked svartpeppar
- 1 kopp kallt vatten
- Vegetabilisk olja för stekning
- Salt att strö (valfritt)

INSTRUKTIONER:

a) I en skål, kombinera allsidigt mjöl, majsstärkelse, bakpulver, salt och svartpeppar.
b) Tillsätt gradvis det kalla vattnet till mjölblandningen, vispa tills en slät smet bildas.
c) Värm vegetabilisk olja i en djup panna eller wok för stekning.
d) Doppa de halverade svamparna i smeten, täck dem jämnt.
e) Lägg försiktigt ner de smetade svamparna i den heta oljan och stek tills de blir gyllenbruna och krispiga.
f) Ta bort svampen från oljan med en hålslev eller tång och låt rinna av på en hushållspappersklädd plåt.
g) Strö över salt (valfritt) medan det fortfarande är varmt.
h) Servera de taiwanesiska popcornsvamparna som ett utsökt gatumatsnack.

17. Taiwanesisk Popcorn Kyckling

INGREDIENSER:
- 1 pund benfria kycklinglår, skurna i lagom stora bitar
- 2 msk sojasås
- 1 matsked Shaoxing-vin (valfritt)
- 1 msk femkryddspulver
- 1 msk vitlökspulver
- 1 msk lökpulver
- 1 tsk paprika
- ½ tsk vitpeppar
- ½ tsk salt
- 1 dl potatisstärkelse eller majsstärkelse
- Vegetabilisk olja för stekning

INSTRUKTIONER:
a) Marinera kycklingbitarna i en skål med sojasås, Shaoxing-vin (om det används), femkryddspulver, vitlökspulver, lökpulver, paprika, vitpeppar och salt. Blanda väl och låt marinera i minst 30 minuter.
b) Värm vegetabilisk olja i en djup panna eller kastrull för stekning.
c) Belägg de marinerade kycklingbitarna med potatisstärkelse eller majsstärkelse, skaka av eventuellt överskott.
d) Släpp försiktigt ner de belagda kycklingbitarna i den heta oljan och stek tills de blir gyllenbruna och krispiga.
e) Ta bort kycklingen från oljan med en hålslev och låt rinna av på en plåt med hushållspapper.
f) Servera Yan Su Ji / Kiâm-So͘-Ke varm som ett populärt taiwanesiskt gatumatsnack.

18.Taro bollar

INGREDIENSER:
- 2 koppar taro, skalad och tärnad
- ½ kopp klibbigt rismjöl
- ¼ kopp socker
- Vatten (efter behov)
- Tapiokastärkelse eller potatisstärkelse (för att pudra)

INSTRUKTIONER:
a) Ånga tarokuberna tills de är mjuka och lätt att mosa med en gaffel.
b) Mosa den ångade taron tills den är slät.
c) I en mixerskål, kombinera mosad taro, klibbigt rismjöl och socker. Blanda väl.
d) Tillsätt vatten gradvis, lite i taget, och knåda blandningen tills den bildar en mjuk deg. Konsistensen ska likna lekdegen.
e) Nyp bort små bitar av degen och rulla dem till små bollar.
f) Koka upp en kastrull med vatten.
g) Släpp försiktigt tarobollarna i det kokande vattnet och koka tills de flyter upp till ytan.
h) Ta bort de kokta tarobollarna från vattnet och överför dem till en skål med kallt vatten för att svalna och stelna.
i) Låt tarobollarna rinna av och pudra dem med tapiokastärkelse eller potatisstärkelse för att förhindra att de fastnar.
j) Servera tarobollarna som topping till desserter, som rakglass eller söta soppor.

19. Stekt svamp

INGREDIENSER:

- 1 pund färska svampar, rensade och skivade
- ½ kopp universalmjöl
- ½ kopp majsstärkelse
- 1 tsk bakpulver
- ½ tsk salt
- ¼ tesked svartpeppar
- 1 kopp kallt vatten
- Vegetabilisk olja för stekning
- Salt att strö (valfritt)

INSTRUKTIONER:

a) I en skål, kombinera allsidigt mjöl, majsstärkelse, bakpulver, salt och svartpeppar.
b) Tillsätt gradvis det kalla vattnet till mjölblandningen, vispa tills en slät smet bildas.
c) Värm vegetabilisk olja i en djup panna eller wok för stekning.
d) Doppa de skivade svamparna i smeten, täck dem jämnt.
e) Lägg försiktigt ner de smetade svamparna i den heta oljan och stek tills de blir gyllenbruna och krispiga.
f) Ta bort den stekta svampen från oljan med en hålslev eller tång och låt rinna av på en plåt med hushållspapper.
g) Strö över salt (valfritt) medan det fortfarande är varmt.
h) Servera de stekta svamparna som ett välsmakande gatumatsnack.

20.Grillad bläckfisk

INGREDIENSER:
- 2 medelstora bläckfiskar, rensade och rensade
- 2 msk sojasås
- 2 msk ostronsås
- 2 matskedar honung
- 1 msk sesamolja
- 1 msk finhackad vitlök
- 1 tsk chilipulver (valfritt)
- Salta och peppra efter smak
- Träspett

INSTRUKTIONER:
a) Förvärm en grill eller grillpanna på medelhög värme.
b) Skär bläckfisken i kors och tvärs på båda sidor.
c) I en skål, blanda sojasås, ostronsås, honung, sesamolja, hackad vitlök, chilipulver (om du använder), salt och peppar för att göra marinaden.
d) Pensla bläckfisken med marinaden, se till att den är väl belagd.
e) Trä upp bläckfisken på träspett, stick dem genom kroppen och tentaklerna.
f) Grilla bläckfisken ca 3-4 minuter på varje sida tills den är genomstekt och har grillmärken.
g) Ta bort bläckfisken från grillen och låt den vila några minuter innan servering.
h) Skiva den grillade bläckfisken i mindre bitar och servera varm.

21. Taiwanesiskt malet fläsk och inlagd gurka

INGREDIENSER:

- 1 pund (450 g) malet fläsk
- 1 dl inlagd gurka, tunt skivad
- 2 msk sojasås
- 1 msk hoisinsås
- 1 msk risvinäger
- 1 msk sesamolja
- 2 vitlöksklyftor, hackade
- 1 tsk ingefära, finhackad
- ½ tsk socker
- ¼ tesked svartpeppar
- Vegetabilisk olja för matlagning
- Grön lök, hackad (för garnering)

INSTRUKTIONER:

a) Blanda sojasås, hoisinsås, risvinäger, sesamolja, hackad vitlök, hackad ingefära, socker och svartpeppar i en liten skål. Avsätta.
b) Värm vegetabilisk olja i en stor stekpanna eller wok på medelhög värme.
c) Tillsätt det malda fläsket i stekpannan och stek tills det är brunt och genomstekt.
d) Tillsätt de skivade inlagda gurkorna i stekpannan och fräs i cirka 2 minuter.
e) Häll såsblandningen över fläsket och gurkan. Rör om väl för att kombinera.
f) Koka i ytterligare 2-3 minuter tills smakerna är väl blandade.
g) Garnera med hackad salladslök.
h) Servera det taiwanesiska fläsket och inlagda gurkorna varma med ångat ris.

22.Taiwanesiskt bräserat fläskris

INGREDIENSER:
- 1 pund fläskmage, tunt skivad
- ¼ kopp sojasås
- ¼ kopp mörk sojasås
- ¼ kopp risvin
- 2 matskedar socker
- 2 vitlöksklyftor, hackade
- 2 stjärnanis
- 1 kanelstång
- 1 kopp vatten
- 4 koppar kokt jasminris
- Hårdkokta ägg (valfritt)
- Inlagda senapsgrönsaker (valfritt)
- Hackad salladslök (för garnering)

INSTRUKTIONER:
a) Bryn fläskskivorna i en panna tills de är knapriga på utsidan. Ta bort och ställ åt sidan.
b) Tillsätt den hackade vitlöken i samma panna och fräs tills den doftar.
c) Tillsätt sojasås, mörk soja, risvin, socker, stjärnanis, kanelstång och vatten i pannan. Rör om för att kombinera.
d) Lägg tillbaka de brynta fläskskivorna i pannan och låt blandningen koka upp.
e) Täck pannan och låt fläsket puttra i såsen i ca 1-2 timmar, tills det är mjukt och såsen tjocknat.
f) För att servera, lägg en skopa kokt jasminris i en skål eller tallrik.
g) Toppa riset med bräserade fläskbukskivor och skeda lite av såsen över.
h) Garnera med hackad salladslök.
i) Servera Lu Rou Fan varm, och du kan även inkludera hårdkokta ägg och inlagda senapsgrönsaker som extra pålägg.

23.Taiwanesisk sesamolja kycklinggryta

INGREDIENSER:
- 2 pund kycklingbitar (med ben och skinn)
- 3 matskedar sesamolja
- 3 msk sojasås
- 3 msk risvin
- 1 matsked socker
- 3 vitlöksklyftor, hackade
- 1-tums bit ingefära, skivad
- 2 dl kycklingbuljong
- 1 matsked majsstärkelse (valfritt, för förtjockning)
- Grön lök, hackad (för garnering)

INSTRUKTIONER:
a) Värm sesamoljan i en stor gryta eller holländsk ugn på medelvärme.
b) Tillsätt hackad vitlök och skivad ingefära. Stek i ca 1 minut tills det doftar.
c) Lägg i kycklingbitarna i grytan och bryn dem på alla sidor.
d) Blanda soja, risvin och socker i en liten skål. Häll denna blandning över kycklingen.
e) Tillsätt kycklingbuljongen i grytan, täck över och låt sjuda i ca 30-40 minuter tills kycklingen är genomstekt och mjuk.
f) Om så önskas, blanda majsstärkelsen med lite vatten för att göra en uppslamning och tillsätt den till grytan för att tjockna såsen. Rör om väl för att kombinera.
g) Servera kycklinggrytan med sesamolja varm, garnerad med hackad salladslök och med ångat ris.

24. Taiwanesiska dumplings

INGREDIENSER:
- 1 förpackning dumplingomslag
- ½ pund malet fläsk
- ½ kopp napakål, finhackad
- ¼ kopp salladslök, finhackad
- 1 msk ingefära, finhackad
- 2 msk sojasås
- 1 msk sesamolja
- 1 tsk socker
- ½ tsk salt
- ¼ tesked svartpeppar

INSTRUKTIONER:
a) Kombinera det malda fläsket, Napa-kål, salladslök, ingefära, sojasås, sesamolja, socker, salt och svartpeppar i en mixerskål. Blanda väl tills alla ingredienser är jämnt införlivade.
b) Ta ett dumplingomslag och lägg en sked av fläskfyllningen i mitten.
c) Doppa fingret i vatten och fukta kanterna på omslaget.
d) Vik omslaget på mitten och tryck ihop kanterna för att försegla, skapa en halvmåneform.
e) Upprepa processen med de återstående dumplingomslagen och fyllningen.
f) Koka upp en stor kastrull med vatten. Tillsätt dumplingsna i det kokande vattnet och koka i ca 5-7 minuter tills de flyter upp till ytan.
g) Låt dumplingsarna rinna av och servera varma med sojasås eller din favoritdippsås.

25.Kyckling med tre koppar i taiwanesisk stil

INGREDIENSER:
- 1 pund (450 g) kyckling, skuren i lagom stora bitar
- ¼ kopp sesamolja
- ¼ kopp sojasås
- ¼ kopp risvin
- 1 matsked socker
- 5 vitlöksklyftor, hackade
- 1-tums bit ingefära, malet
- 2 msk färska basilikablad

INSTRUKTIONER:
a) Hetta upp sesamoljan i en wok eller stor panna på medelvärme.
b) Tillsätt hackad vitlök och ingefära och fräs i ca 1 minut tills det doftar.
c) Lägg till kycklingbitarna i woken och stek tills de fått färg på alla sidor.
d) Blanda soja, risvin och socker i en liten skål. Häll denna blandning över kycklingen.
e) Sänk värmen till låg och låt kycklingen puttra i ca 20-25 minuter tills såsen har tjocknat och kycklingen är genomstekt.
f) Tillsätt de färska basilikabladen och rör om väl.

26.Taiwanesiska fläskkotletter

INGREDIENSER:

- 4 fläskkotletter
- 2 msk sojasås
- 2 msk risvin
- 1 matsked socker
- 2 vitlöksklyftor, hackade
- ½ tsk femkryddspulver
- Salta och peppra efter smak
- Vegetabilisk olja för stekning

INSTRUKTIONER:

a) I en skål, kombinera sojasås, risvin, socker, finhackad vitlök, pulver med fem kryddor, salt och peppar. Blanda väl för att göra marinaden.
b) Lägg fläskkotletterna i en grund form och häll marinaden över dem. Se till att alla sidor av fläskkotletterna är belagda. Låt dem marinera i minst 30 minuter.
c) Värm vegetabilisk olja i en stekpanna eller stekpanna på medelhög värme.
d) Stek de marinerade fläskkotletterna ca 3-4 minuter på varje sida tills de är gyllenbruna och genomstekta.
e) Ta bort fläskkotletterna från pannan och lägg dem på ett serveringsfat.
f) Servera de taiwanesiska fläskkotletterna varma med ångat ris eller som fyllning i en smörgås i taiwanesisk stil.

27.Flamma grillade biffkuber

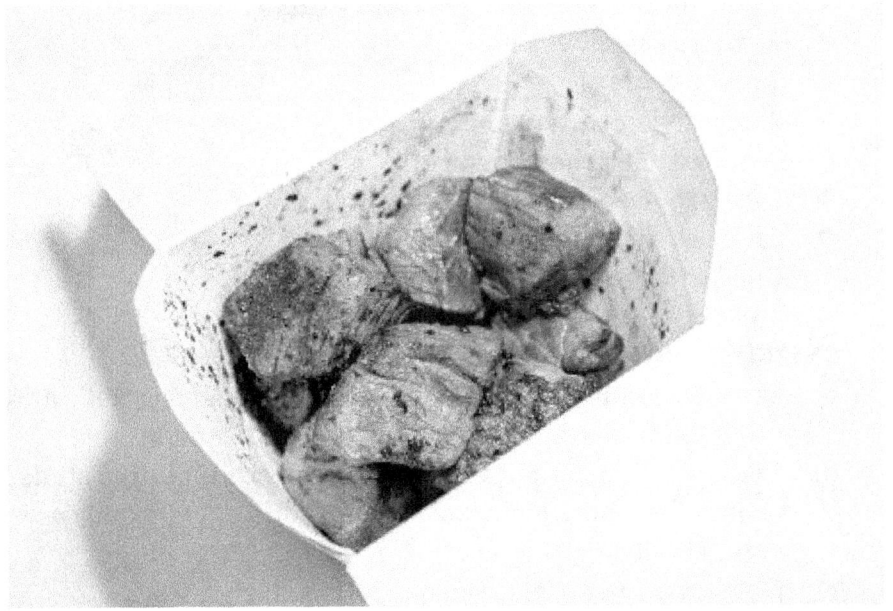

INGREDIENSER:
- 1 pund nötfilé eller ribeye, skuren i 1-tums kuber
- 2 msk sojasås
- 2 msk ostronsås
- 2 matskedar honung
- 2 vitlöksklyftor, hackade
- 1 matsked vegetabilisk olja
- Salta och peppra efter smak
- Grillspett

INSTRUKTIONER:
a) I en skål, kombinera sojasås, ostronsås, honung, hackad vitlök, vegetabilisk olja, salt och peppar för att göra marinaden.
b) Tillsätt nötköttstärningarna i marinaden och rör om så att det blir jämnt. Låt det marinera i minst 30 minuter eller upp till över natten i kylen.
c) Förvärm en grill eller grillpanna på medelhög värme.
d) Trä de marinerade bifftärningarna på spett.
e) Grilla oxspetten ca 2-3 minuter på varje sida tills de är genomstekta till önskad form.
f) Ta bort spetten från grillen och låt dem vila några minuter innan servering.
g) Servera de flamgrillade nötköttskuberna varma som ett utsökt gatumatsnack.

28.Taiwanesisk bräserad fläskrisskål

INGREDIENSER:
- 1 pund (450 g) fläskmage, skuren i lagom stora bitar
- 3 msk sojasås
- 3 msk mörk sojasås
- 2 matskedar socker
- 2 vitlöksklyftor, hackade
- 1-tums bit ingefära, skivad
- 2 stjärnanis
- 1 kanelstång
- 2 koppar vatten
- 2 matskedar vegetabilisk olja
- Ångat ris, till servering
- Grön lök, hackad (för garnering)

INSTRUKTIONER:
a) I en skål, kombinera soja, mörk soja, socker, hackad vitlök, skivad ingefära, stjärnanis, kanelstång och vatten. Blanda väl för att göra brässåsen.
b) Värm vegetabilisk olja i en stor gryta eller holländsk ugn på medelvärme.
c) Lägg fläskbitarna i grytan och bryn dem på alla sidor.
d) Häll brässåsen över fläsket och låt det koka upp.
e) Sänk värmen till låg och låt fläsket puttra under lock i ca 1,5-2 timmar tills köttet är mört och smakerna väl genomsyrade.
f) Rör om i fläsket då och då under tillagningen och tillsätt mer vatten om det behövs för att förhindra att det torkar ut.
g) När fläsket är mört tar du av locket och låter såsen tjockna i ytterligare 10-15 minuter på låg värme.
h) Servera det taiwanesiska bräserade fläsket över ångat ris och garnera med hackad salladslök.
i) Njut av denna smakrika och tröstande risskål.

29.Taiwanesisk Sticky Rice Korv

INGREDIENSER:
- 2 koppar klibbigt ris (klibbigt ris)
- 4 kinesiska korvar (lap cheong)
- 2 msk sojasås
- 1 msk ostronsås
- 1 msk sesamolja
- 2 vitlöksklyftor, hackade
- 1 matsked vegetabilisk olja
- 2 salladslökar, hackade

INSTRUKTIONER:
a) Skölj det klibbiga riset och blötlägg det i vatten i minst 4 timmar eller över natten. Häll av riset före tillagning.
b) Ånga det klibbiga riset i en ångkokare i ca 20-25 minuter tills det blir mjukt och kladdigt.
c) Medan riset ångar kokar du de kinesiska korvarna. Tillsätt vatten i en kastrull och låt det koka upp. Tillsätt korvarna och låt puttra i 10 minuter. Ta bort från vattnet och låt dem svalna.
d) När korvarna har svalnat skär du dem diagonalt i tunna bitar.
e) Värm vegetabilisk olja på medelvärme i en separat panna. Tillsätt den hackade vitlöken och fräs tills den doftar.
f) Tillsätt det ångade klibbiga riset i pannan och fräs i några minuter.
g) Tillsätt sojasås, ostronsås, sesamolja och hackad salladslök i pannan. Blanda väl för att täcka riset.
h) Lägg i de skivade korvarna i pannan och fortsätt att steka i ytterligare 2-3 minuter tills allt är väl blandat.
i) Servera den taiwanesiska Sticky Rice-korven varm.

30. Pork Jerky i taiwanesisk stil

INGREDIENSER:

- 1 pund (450 g) fläskaxel, skivad i tunna strimlor
- ¼ kopp sojasås
- 2 msk mörk sojasås
- 2 msk risvin
- 2 matskedar socker
- 2 vitlöksklyftor, hackade
- 1 tsk femkryddspulver
- ½ tsk svartpeppar
- Vegetabilisk olja för stekning

INSTRUKTIONER:

a) I en skål, kombinera sojasås, mörk sojasås, risvin, socker, finhackad vitlök, pulver med fem kryddor och svartpeppar. Blanda väl för att göra marinaden.
b) Lägg fläskstrimlorna i en grund form och häll marinaden över dem. Se till att alla sidor av fläsket är belagda. Låt dem marinera i minst 2 timmar, eller gärna över natten i kylen.
c) Värm ugnen till 325°F (165°C).
d) Ta bort fläskstrimlorna från marinaden och torka dem torra med hushållspapper.
e) Värm vegetabilisk olja i en stor stekpanna eller wok på medelhög värme.
f) Stek de marinerade fläskstrimlorna i omgångar tills de är krispiga och bruna på båda sidor. Ta bort dem från oljan och låt rinna av på hushållspapper.
g) Lägg de stekta fläskstrimlorna på en plåt och grädda i den förvärmda ugnen i cirka 20-25 minuter för att säkerställa att de är helt genomstekta och krispiga.
h) Ta ut ur ugnen och låt fläsk jerky svalna helt.

31.Taiwanesiska Rullris

INGREDIENSER:
- 2 koppar kokt kortkornigt ris
- 1 pund (450 g) protein efter eget val (fläsk, kyckling, nötkött, tofu), tunt skivad
- 2 msk sojasås
- 1 msk ostronsås
- 1 msk sesamolja
- 1 matsked vegetabilisk olja
- 4 vitlöksklyftor, hackade
- 1 kopp strimlad sallad eller annat bladgrönt
- 1 kopp julienade morötter
- 1 kopp böngroddar
- ½ kopp hackad salladslök
- Hoisinsås (till servering)
- Sriracha eller chilisås (till servering)

INSTRUKTIONER:

a) Marinera det tunt skivade proteinet (fläsk, kyckling, nötkött, tofu) i en skål med sojasås, ostronsås och sesamolja. Ställ åt sidan i minst 15 minuter.
b) Värm vegetabilisk olja i en stekpanna eller wok på medelhög värme.
c) Tillsätt den hackade vitlöken i stekpannan och fräs i ca 1 minut tills den doftar.
d) Tillsätt det marinerade proteinet i stekpannan och koka tills det är genomstekt och lätt karamelliserat.
e) Ta bort proteinet från stekpannan och ställ åt sidan.
f) I samma stekpanna, tillsätt lite mer olja om det behövs och fräs den strimlade salladen, de sönderdelade morötterna, böngroddar och hackad salladslök i några minuter tills grönsakerna är lite kokta men fortfarande knapriga.
g) Fördela det kokta riset mellan serveringsfat.
h) Lägg en del av de wokade grönsakerna och proteinet ovanpå riset.
i) Rulla riset och fyllningarna hårt med en bit plastfolie eller en sushimatta.
j) Ta bort plastfolien eller sushimattan och servera det taiwanesiska rullriset med hoisinsås och sriracha eller chilisås vid sidan av.

JAPANSK KOMFORTMAT

32.Tofu i svartpepparsås

INGREDIENSER :

- 1 kopp. Majsstärkelse
- 1 ½ tsk vitpeppar
- 16 oz fast tofu, perfekt avrunnen
- 4 matskedar vegetabilisk olja
- 1 tsk kosher salt
- 2 salladslökar, fint skivade
- 3 röda chilipeppar, kärnade och fint skivade

INSTRUKTIONER:

a) Se till att tofun är väldränerad och torka torr med en pappershandduk. Du kan trycka en kraftig skärbräda på den för att få ut all vätska.
b) Skiva tofun i fina rejäla tärningar
c) Blanda maizena med vitpeppar och salt.
d) Släng ner tofun i mjölblandningen, se till att tärningarna är väl täckta.
e) Lägg dem i en Ziploc-påse i 2 minuter
f) Häll oljan i en nonstick-panna, när den är varm, stek tofutärningarna till knapriga tärningar
g) Stek i omgångar och
h) Garnera med den skivade paprikan och salladslöken

33. Agedashi Tofu

INGREDIENSER:
- Smaksatt olja, tre koppar
- Majsstärkelse, fyra matskedar
- Sojasås, två matskedar
- Katsuobishi, efter behov
- Tofu, ett kvarter
- Mirin, två matskedar
- Daikon rädisa, efter behov
- Salladslök, efter behov
- Shichimi Togarashi, en handfull
- Dashi, en kopp

INSTRUKTIONER:

a) Slå in tofun med tre lager hushållspapper och lägg en annan tallrik ovanpå. Häll av vattnet från tofun i femton minuter.
b) Skala och riv daikonen och krama försiktigt ur vattnet. Skär salladslöken i tunna skivor.
c) Lägg dashi, sojasås och mirin i en liten kastrull och låt koka upp.
d) Ta bort tofun från hushållspapper och skär den i åtta bitar.
e) Belägg tofun med potatisstärkelse, lämna överflödigt mjöl och fritera omedelbart tills de blir ljusbruna och krispiga.
f) Ta bort tofun och låt rinna av överflödig olja på en tallrik klädd med hushållspapper eller galler.
g) För att servera, lägg tofun i en serveringsskål och häll försiktigt såsen utan att blöta tofun.

34. Sesam shiso ris

INGREDIENSER :
- 2 koppar. kokt ris (kortkornigt)
- 12 shiso blad
- 6 stycken umeboshi, urkärnade och hackade
- 2 msk sesamfrön, fint rostade

INSTRUKTIONER:
a) I en ren djup skål, kombinera det kokta riset, umeboshi, shisobladen och sesamfrön.
b) Tjäna

35.Japansk potatissallad

INGREDIENSER :
- 2 pund russet potatis. Skalade, kokade och mosade
- 3 gurkor. Fint skivad
- ¼ teskedar havssalt
- 3 tsk risvinsvinäger
- 1 msk japansk senap
- 7 matskedar japansk majonnäs
- 2 morötter. Kvartrade och tunt skivade
- 1 rödlökslök. Fint skivad

INSTRUKTIONER:
a) Lägg den skivade gurkan i en skål, strö lite salt över dem och låt stå i 12 minuter. Häll av överflödigt vatten och torka gurkorna i hushållspapper
b) Blanda senap, majonnäs och vinäger i en liten skål
c) I en annan stor skål, vänd ner potatismos, majonnäsblandning, gurka och morötter. Rör om väl för att få en jämn blandning

36. Natto

INGREDIENSER:
- Salladslök, till garnering
- Natto, en matsked
- Sojasås, halva teskedar
- Saikkyo, en och en halv tesked
- Tofu, halvblock
- Miso, två matskedar
- Wakame frön, en handfull
- Dashi, två koppar

INSTRUKTIONER:
a) Låt dashi sjuda i en soppgryta och lägg en sked natto i vätskan. Sjud i två minuter.
b) Lägg misopastaterna i grytan och använd baksidan av en sked för att lösa upp pastorna i dashi.
c) Tillsätt wakame och tofun och låt sjuda i 30 sekunder längre.
d) Garnera med salladslök.
e) Servera omedelbart.

37.Nasu Dengaku

INGREDIENSER:
- Japansk aubergine, tre
- Smaksatt olja, en matsked
- Sake, två matskedar
- Socker, två matskedar
- Miso, fyra matskedar
- Sesamfrön, efter behov
- Tofu, ett kvarter
- Mirin, två matskedar
- Daikon rädisa, tre
- Konnyaku, en handfull

INSTRUKTIONER:
a) Blanda sake, mirin, socker och miso i en kastrull.
b) Blanda väl för att blanda och låt sedan sjuda försiktigt på lägsta värme. Rör hela tiden och koka i några minuter.
c) Linda in tofun med två ark hushållspapper och tryck ut tofun mellan två tallrikar i 30 minuter.
d) Lägg tofun och aubergine på en kantad bakplåt med bakplåtspapper eller silikonbakplåt. Applicera vegetabilisk olja på toppen och botten av tofu och aubergine med en pensel.
e) Grädda i 400 grader i tjugo minuter, eller tills auberginen är mjuk.
f) Häll försiktigt lite av misoglasyren på din tofu och aubergine och fördela jämnt. Stek i fem minuter.

38.Ramen nudelpanna med biff

INGREDIENSER:
- Lök, en
- Morötter, halv kopp
- Nötfärs, ett halvt pund
- Canolaolja, en matsked
- Ketchup, två matskedar
- Salta och peppra, efter smak
- Majsstärkelse, en tesked
- Nötbuljong, en kopp
- Sake, en matsked
- Kokt ägg, ett
- Worcestershiresås, en matsked

INSTRUKTIONER:
a) Värm olja i en stor stekpanna på medelhög värme.
b) Tillsätt biff och stek tills du är färdig, cirka fem minuter per sida för medium, överför sedan till en skärbräda och låt den vila i fem minuter och skiva den sedan.
c) Vispa ihop sojasås, vitlök, limejuice, honung och cayenne i en liten skål tills det kombineras och ställs åt sidan.
d) Tillsätt lök, paprika och broccoli i stekpanna och koka tills den är mjuk, tillsätt sedan sojablandningen och rör om tills den är helt täckt.
e) Tillsätt kokta ramennudlar och biff och blanda tills det blandas.

39.Ostlik Ramen Carbonara

INGREDIENSER:
- Dashi, en kopp
- Olivolja, en matsked
- Baconskivor, sex
- Salt efter behov
- Finhackad vitlök, två
- Persilja, efter behov
- Parmesanost, halv kopp
- Mjölk, två matskedar
- Ägg, två
- Ramen pack, tre

INSTRUKTIONER:
a) Kombinera alla ingredienser .
b) Koka nudlar enligt anvisningarna på förpackningen.
c) Spara en kvarts kopp kokvatten för att lossa såsen senare, om det behövs. Häll av nudlar och häll i olivolja så att de inte fastnar.
d) Värm medelstor stekpanna över medelvärme. Koka baconbitarna tills de är bruna och knapriga. Lägg nudlarna i stekpannan och blanda med baconet tills nudlarna är täckta med baconfettet.
e) Vispa ägg med gaffel och blanda i parmesanost. Häll ägg-ostblandningen i stekpanna och blanda med bacon och nudlar.

40.Fyra -Ingrediens ramen

INGREDIENSER :
- 1 (3 oz.) paket ramennudlar, valfri smak
- 2 koppar vatten
- 2 matskedar smör
- 1/4 kopp mjölk

INSTRUKTIONER:
a) Ställ en kastrull på medelvärme och fyll det mesta med vatten. Koka tills det börjar koka.
b) Rör ner nudlarna och låt det koka i 4 minuter. häll bort vattnet och lägg nudlarna i en tom gryta.
c) Rör ner mjölken med smör och kryddblandning. Koka dem i 3 till 5 minuter på låg värme tills de blir krämiga. Servera den varm. Njut av.

41.Ramen lasagne

INGREDIENSER :
- 2 (3 oz.) paket ramennudlar
- 1 lb. köttfärs
- 3 ägg
- 2 C. riven ost
- 1 msk finhackad lök
- 1 C. spaghettisås

INSTRUKTIONER:
a) Innan du gör något förvärm ugnen till 325 F.
b) Placera en stor stekpanna på medelvärme. Koka i det nötköttet med 1 kryddpaket och lök i 10 minuter.
c) Överför nötköttet till en smord ugnsform. Vispa upp äggen och koka dem i samma panna tills de är klara.
d) Toppa nötköttet med 1/2 C. riven ost följt av de kokta äggen och ytterligare 1/2 C. ost.
e) Koka ramennudlarna enligt anvisningarna på förpackningen. Låt rinna av det och blanda med spaghettisåsen.
f) Fördela blandningen över hela ostskiktet. Toppa den med resterande ost. Tillaga den i ugnen i 12 minuter. servera din lasagne varm. Njut av.

42.Varm fläskkotlett Ramen

INGREDIENSER:

- 1-pund fläskkotletter
- 4 matskedar kinesisk BBQ-sås
- 3 tsk jordnötsolja
- 2 dl salladslök, skivad
- 2-3 vitlöksklyftor, hackade
- 1 tsk ingefära, finhackad
- 5 dl kycklingfond
- 3 msk sojasås
- 3 msk fisksås
- 2 paket ramennudlar, kokta
- 5 stycken bok choy, i fjärdedelar
- 1 röd Chile, skivad
- 8 ägg
- Matlagningsolja

INSTRUKTIONER:

a) Pensla fläskkotletterna med Chines BBQ-sås och ställ åt sidan i 15-20 minuter.
b) Hetta upp lite jordnötsolja i en kastrull på medelvärme och koka löken, vitlöken och ingefäran, koka i 2-3 minuter.
c) Tillsätt fond, vitlök, sojasås, 2 dl vatten, fisksåser, ingefära, röd chili. Låt det puttra och tillsätt bok choy. Koka i 2-3 minuter.
d) Ta bort från värmen. Ställ åt sidan.
e) Förvärm din grill på hög värme.
f) Spraya fläskkotletterna med lite matolja och lägg dem på den varma grillen tills de fått färg.
g) Vänd sidan och från en annan sida i 3-4 minuter och överför dem sedan till en tallrik.
h) Dela ramen mellan 4 skålar.
i) Lägg bok choy över nudlar och ringla över lite varm soppa.
j) Lägg fläskkotletterna och garnera med strimlad lök.
k) Toppa med ägg och korianderblad.

43.Miso fläsk och Ramen

INGREDIENSER:
- 2 pounds gris travare, skurna i 1-tums runda former
- 2 pund kyckling, benfri, skuren i strimlor
- 2 msk matolja
- 1 lök, hackad
- 8-10 vitlöksklyftor, hackade
- 1-tums ingefära skiva, hackad
- 2 purjolök, hackad
- ½ pund salladslök, vit och grön del separerade, hackad
- 1 dl svamp, skivad
- 2 pund fläskaxel, hackad
- 1 dl misopasta
- ¼ kopp shoyu
- ½ msk mirin
- Salt att smaka

INSTRUKTIONER:
a) Lägg över fläsket och kycklingen i en kastrull och tillsätt mycket vatten tills det täcks. Sätt den på en brännare på hög värme och låt koka upp. Ta bort från värmen när den är klar.
b) Värm lite matolja i ett gjutjärn på hög värme och koka lök, vitlök och ingefära i cirka 15 minuter eller tills de fått färg. Avsätta.
c) Överför kokta ben till en kastrull med grönsaker, fläsk, purjolök, vitlök, svamp. Fyll på med kallt vatten. Låt det koka på hög värme i 20 minuter. Sänk värmen och låt sjuda och täck med lock i 3 timmar.
d) Ta nu bort axeln med en spatel. Och lägg den i en behållare och kyl. Sätt tillbaka locket på grytan och koka igen i 6 till 8 timmar.
e) Sila av buljongen och ta bort fast material. Vispa mison, 3 matskedar shoyu och lite salt.
f) Strimla fläsket och släng det med shoyu och mirin. Krydda med salt.
g) Häll lite buljong på nudlarna och toppa med bränd vitlök-sesam-chili. Lägg fläsket i skålar.
h) Toppa med ägg och annan önskad produkt.

44.Bakad kyckling Katsu

INGREDIENSER:
- Benfria kycklingbröstbitar, ett pund
- Panko, en kopp
- Allroundmjöl, halv kopp
- Vatten, en matsked
- Ägg, ett
- Salta och peppra, efter smak
- Tonkatsu sås, efter behov

INSTRUKTIONER:
a) Kombinera panko och olja i en stekpanna och rosta på medelvärme tills de är gyllenbruna. Överför panko i en grund form och låt svalna.
b) Fjäril kycklingbröstet och skär på mitten. Krydda med salt och peppar på båda sidor av kycklingen.
c) I en grund form, tillsätt mjöl och i en annan grund form, vispa ihop ägget och vattnet.
d) Klä varje kycklingbit i mjölet och skaka av överflödigt mjöl. Doppa i äggblandningen och täck sedan med den rostade panko, tryck ordentligt för att fästa vid kycklingen.
e) Lägg kycklingbitarna på den förberedda bakplåten i cirka tjugo minuter. Servera omedelbart eller överför till ett galler så att botten av katsu inte blir blöt av fukten.

45.Hayashi Nötfärs Curry

INGREDIENSER:
- Lök, en
- Morötter, halv kopp
- Nötfärs, ett halvt pund
- Canolaolja, en matsked
- Ketchup, två matskedar
- Salta och peppra, efter smak
- Majsstärkelse, en teskedar
- Nötbuljong, en kopp
- Sake, en matsked
- Kokt ägg, ett

INSTRUKTIONER:
a) Koka ägg och skär i små bitar eller mosa med en gaffel. Krydda väl med salt och peppar.
b) Hetta upp olja och tillsätt lök och morötter.
c) Strö majsstärkelse ovanpå köttfärsen och lägg till grönsakerna. Tillsätt en kvarts kopp nötbuljong och bryt nötfärsen under omrörning.
d) Tillsätt nötbuljong, ketchup, sake och Worcestershiresås.
e) Blanda väl och koka i tio minuter eller tills all vätska har avdunstat. Krydda med salt och peppar.
f) Fräs lök i en separat panna tills den är knaprig.

46. Kyckling Teriyaki

INGREDIENSER:
- Sesamolja, en tesked
- Broccoli, till servering
- Älskling, en matsked
- Ketchup, två matskedar
- Salta och peppra, efter smak
- Majsstärkelse, en teskedar
- Kokt vitt ris, en kopp
- Vitlök och ingefära, en matsked
- Kokt ägg, ett
- Sojasås, en matsked

INSTRUKTIONER:
a) I en medelstor skål, vispa ihop sojasås, risvinäger, olja, honung, vitlök, ingefära och majsstärkelse.
b) Värm olja i en stor stekpanna på medelvärme. Lägg kycklingen i stekpannan och smaka av med salt och peppar. Koka tills de är gyllene och nästan genomstekta.
c) Täck kycklingen och låt sjuda tills såsen tjocknat något och kycklingen är genomstekt.
d) Garnera med sesamfrön och salladslök.
e) Servera över ris med ångad broccoli.

47.Japansk laxskål

INGREDIENSER:
- Chilisås, en tesked
- Sojasås, en tesked
- Ris, två koppar
- Sesamolja, en matsked
- Ingefära, två matskedar
- Salta och peppra, efter smak
- Sesamfrön, en tesked
- Vinäger, en tesked
- Strimlad nori efter behov
- Lax, ett halvt pund
- Strimlad kål, en kopp

INSTRUKTIONER:

a) Lägg riset, tre koppar vatten och en halv tesked salt i en stor kastrull och låt koka upp och koka i femton minuter eller tills vattnet absorberats.
b) Lägg vinäger, soja, chilisås, sesamolja, sesamfrön och ingefära i en skål och blanda väl.
c) Tillsätt laxen och rör försiktigt tills den är helt täckt.
d) Lägg den strimlade kålen och sesamoljan i en skål och blanda tills det är väl blandat.
e) Lägg en stor sked ris i varje skål, lägg i kålen och pressa över majonnäsen.

48.Kyckling i gryta/Mizutaki

INGREDIENSER:
- Negi, en
- Mizuna, fyra
- Napakål, åtta
- Morot, halv kopp
- Kycklinglår, ett pund
- Kombu, ett halvt pund
- Sake, en tesked
- Ingefära, en tesked
- Sesamfrön, efter behov

INSTRUKTIONER:
a) Blanda alla ingredienser .
b) I en stor skål, tillsätt fem koppar vatten och kombu för att göra kallbryggd kombu dashi. Ställ åt sidan medan du förbereder kycklingen.
c) Fyll en medelstor gryta med vatten och tillsätt de beniga kycklinglårbitarna med skinn. Sätt på värmen på medel-låg.
d) I den kalla bryggningen kombu dashi, lägg till kycklinglårbitarna du precis sköljt.
e) Tillsätt även kycklingbitarnas skull och ingefära.
f) Koka upp på medelvärme.
g) Sänk värmen till medel-låg och koka under lock i trettio minuter. Under denna tid, börja förbereda andra ingredienser . Efter trettio minuter, ta bort och kassera ingefäraskivorna.

49.Japansk ingefära havsabborre

INGREDIENSER:
- 2 tsk miso vit pasta
- 6 oz. havsabborre stycke
- 1 ¼ tsk mirin
- 1 tsk färsk ingefärajuice
- 1 tsk socker
- 3 tsk sake

INSTRUKTIONER:
a) I en ren medelstor skål, kombinera alla ingredienser utom sake. Blanda väl och ställ åt sidan.
b) Lägg fiskbiten i det blandade innehållet, tillsätt sake och rör om tills det är väl täckt
c) Ställ den i frysen i 4 timmar
d) Värm upp grillen och lägg fisken på ett galler
e) Grilla den, blanda från sida till sida tills den är helt brun och genomstekt.
f) Överför basen till ett fat och servera

50.Japansk fancy teriyaki

INGREDIENSER:
- 2 kg lax
- 3 matskedar hackad salladslök
- 2 matskedar svarta och vita sesamfrön
- ½ kopp extra virgin olivolja
- Teriyakisås
- 4 msk sojasås
- 1 kopp mirin
- 2 ½ kopp. Socker

INSTRUKTIONER:
a) Gör teriyakisåsen genom att tillsätta alla ingredienser under dess rubrik i en kastrull och koka den på låg värme tills den tjocknar. Ta bort från värmen och ställ in den för kylning
b) Häll lite olja i en nonstick-panna och lägg laxen däri. täck pannan och koka laxen på måttlig värme tills den är jämnbrun.
c) Häll upp på ett fat och ringla teriyakisåsen över
d) Och garnera med vita sesamfrön och hackad salladslök

INDISK KOMFORTMAT

51.Chicken Tikka risskål

INGREDIENSER:

- En kopp benfria kycklingbitar
- Två koppar ris
- Två koppar vatten
- Två matskedar rött chilipulver
- En tesked garam masala pulver
- En matsked matolja
- Två matskedar tikka masala
- Salt att smaka
- Svartpeppar efter smak
- Två matskedar korianderpulver
- En tesked spiskumminpulver
- En tesked pressad vitlök

INSTRUKTIONER:
a) Ta en kastrull.
b) Tillsätt vattnet i pannan.
c) Tillsätt riset och koka väl i cirka tio minuter.
d) Ta en stor panna.
e) Lägg i den hackade vitlöken i pannan.
f) Tillsätt kryddorna i pannan.
g) Koka blandningen väl i cirka tio minuter tills de är rostade.
h) Lägg i kycklingbitarna i pannan.
i) Koka ingredienserna väl i cirka femton minuter.
j) Tillsätt ris i en skål.
k) Lägg chicken tikka-blandningen ovanpå.
l) Din rätt är redo att serveras.

52.Curry Brunrisskål

INGREDIENSER:
- Ett halvt kilo grönsaker
- Två lökar
- Två matskedar rapsolja
- En kopp kokt brunt ris
- Två koppar vatten
- En tesked ingefära
- Två tomater
- Fyra vitlöksklyftor
- Två gröna chili
- Salt att smaka
- En tesked röd currypeppar
- Svartpeppar efter smak
- En tesked korianderblad
- En halv tesked garam masala
- En tesked svarta senapsfrön
- En tesked spiskummin

INSTRUKTIONER:
a) Ta en kastrull och tillsätt oljan i den.
b) Hetta upp oljan och tillsätt lök i den.
c) Fräs löken tills den blir ljusbrun.
d) Tillsätt spiskummin och senapsfröna i pannan.
e) Stek dem väl och tillsätt salt och peppar och grön chili.
f) Tillsätt gurkmeja, ingefära och vitlöksklyftor i den.
g) Tillsätt grönsakerna och röd currypeppar i pannan.
h) Blanda dem väl och fortsätt koka i femton minuter.
i) Tillsätt brunt ris i en skål.
j) Lägg den beredda blandningen ovanpå.
k) Tillsätt korianderbladen och garam masala till garnering.
l) Din rätt är redo att serveras.

53.Ostrisskål

INGREDIENSER:
- Ett halvt pund blandad ost
- Två lökar
- Två matskedar rapsolja
- En kopp kokt brunt ris
- Två koppar vatten
- En tesked ingefära
- Två tomater
- Fyra vitlöksklyftor
- Två gröna chili
- Salt att smaka
- En tesked röd currypeppar
- Svartpeppar efter smak
- En tesked korianderblad
- En halv tesked garam masala
- En tesked svarta senapsfrön
- En tesked spiskummin

INSTRUKTIONER:
a) Ta en kastrull och tillsätt oljan i den.
b) Hetta upp oljan och tillsätt lök i den.
c) Fräs löken tills den blir ljusbrun.
d) Tillsätt spiskummin och senapsfröna i pannan.
e) Stek dem väl och tillsätt salt och peppar och grön chili.
f) Tillsätt gurkmeja, ingefära och vitlöksklyftor i den.
g) Tillsätt ost, ris och röd currypeppar i pannan.
h) Blanda dem väl och fortsätt koka i femton minuter.
i) Tillsätt brunt ris i en skål.
j) Din rätt är redo att serveras.

54.Indisk fårkött curry ris skål

INGREDIENSER:
- Ett halvt kilo fårköttsbitar
- Två lökar
- Två matskedar rapsolja
- En kopp kokt ris
- Två koppar vatten
- En tesked ingefära
- Två tomater
- Fyra vitlöksklyftor
- Sex gröna chili
- Salt att smaka
- En tesked röd currypeppar
- Svartpeppar efter smak
- En tesked korianderblad
- En halv tesked garam masala
- En tesked svarta senapsfrön
- En tesked spiskummin

INSTRUKTIONER:
a) Ta en kastrull och tillsätt oljan i den.
b) Hetta upp oljan och tillsätt lök i den.
c) Fräs löken tills den blir ljusbrun.
d) Tillsätt spiskummin och senapsfröna i pannan.
e) Stek dem väl och tillsätt salt och peppar och grön chili.
f) Tillsätt gurkmeja, ingefära och vitlöksklyftor i den.
g) Tillsätt fårkött och röd curry i pannan.
h) Blanda dem väl och fortsätt koka i femton minuter.
i) Tillsätt ris i en skål.
j) Lägg den beredda blandningen ovanpå.
k) Tillsätt korianderbladen och garam masala till garnering.
l) Din rätt är redo att serveras.

55.Indisk krämig curryskål

INGREDIENSER:
- Ett halvt kilo grönsaker
- Två lökar
- Två matskedar rapsolja
- En kopp kokt ris
- Två koppar vatten
- En tesked ingefära
- Två tomater
- Fyra vitlöksklyftor
- Två gröna chili
- En kopp tung grädde
- Salt att smaka
- En tesked röd currypeppar
- Svartpeppar efter smak
- En tesked korianderblad
- En halv tesked garam masala
- En tesked svarta senapsfrön
- En tesked spiskummin

INSTRUKTIONER:
a) Ta en kastrull och tillsätt oljan i den.
b) Hetta upp oljan och tillsätt lök i den.
c) Fräs löken tills den blir ljusbrun.
d) Tillsätt spiskummin och senapsfröna i pannan.
e) Stek dem väl och tillsätt salt och peppar och grön chili.
f) Tillsätt gurkmeja, ingefära och vitlöksklyftor i den.
g) Tillsätt grönsakerna, grädden och röd curry i pannan.
h) Blanda dem väl och fortsätt koka i femton minuter.
i) Tillsätt ris i en skål.
j) Lägg den beredda blandningen ovanpå.
k) Tillsätt korianderbladen och garam masala till garnering.
l) Din rätt är redo att serveras.

56.Indisk citronrisskål

INGREDIENSER:
- Två matskedar rapsolja
- En kopp färska örter
- En kopp skivade citroner
- En matsked rött chilipulver
- Två matskedar citronsaft
- En tesked vitlök och ingefära pasta
- En tesked chiliflakes
- En halv tesked spiskumminpulver
- En matsked korianderpulver
- Salt
- Två koppar kokt ris

INSTRUKTIONER:
a) Ta en kastrull och tillsätt oljan i den.
b) Hetta upp oljan och tillsätt citronbitarna, salt och peppar i den.
c) Koka i några minuter tills citronen blir mjuk.
d) Tillsätt vitlök, ingefära och röda chiliflakes i den.
e) Koka tills blandningen doftar.
f) Tillsätt kryddorna i blandningen och koka.
g) Tillsätt riset i två skålar.
h) Dela den kokta blandningen i två skålar.
i) Lägg de färska örterna ovanpå.
j) Din rätt är redo att serveras.

57.Indisk blomkål Buddha skål

INGREDIENSER:
- En kopp blomkålsbuketter
- Två koppar quinoa
- Två koppar vatten
- Två matskedar rött chilipulver
- En tesked garam masala pulver
- En matsked matolja
- Två koppar spenat
- Två koppar röd paprika
- En halv kopp rostade cashewnötter
- Salt att smaka
- Svartpeppar efter smak
- Två matskedar korianderpulver
- En tesked spiskumminpulver
- En tesked pressad vitlök

INSTRUKTIONER:
a) Ta en kastrull.
b) Tillsätt vattnet i pannan.
c) Tillsätt quinoan och koka väl i cirka tio minuter.
d) Ta en stor panna.
e) Lägg i den hackade vitlöken i pannan.
f) Tillsätt kryddorna i pannan.
g) Koka blandningen väl i cirka tio minuter tills de är rostade.
h) Tillsätt spenat, blomkål och paprika i pannan.
i) Koka ingredienserna väl i cirka femton minuter.
j) Tillsätt quinoa i en skål.
k) Lägg masala blomkålen ovanpå.
l) Lägg de rostade cashewnötterna ovanpå blomkålen.
m) Din rätt är redo att serveras.

58.Indisk grillad linsskål

INGREDIENSER:
- Två matskedar rapsolja
- En kopp färska örter
- En matsked rött chilipulver
- Två koppar grillade linser
- En tesked vitlök och ingefära pasta
- En tesked chiliflakes
- En halv tesked spiskumminpulver
- En matsked korianderpulver
- Salt
- En halv kopp myntasås
- Två koppar kokt ris

INSTRUKTIONER:
a) Ta en kastrull och tillsätt oljan i den.
b) Hetta upp oljan och tillsätt de grillade linserna, salt och peppar i den.
c) Tillsätt vitlök, ingefära och röda chiliflakes i den.
d) Koka tills blandningen doftar.
e) Tillsätt kryddorna i blandningen och koka.
f) Tillsätt riset i två skålar.
g) Dela den kokta blandningen i två skålar.
h) Lägg de färska örterna och myntasåsen ovanpå.
i) Din rätt är redo att serveras.

KINESISK KOMFORTMAT

59.Kinesisk kyckling stekt ris

INGREDIENSER:
- En matsked fisksås
- En matsked sojasås
- En halv tesked kinesisk femkrydda
- Två matskedar chili vitlökssås
- Två röda chili
- En stor jalapeno
- En halv kopp skivad salladslök
- En tesked vitpepparkorn
- En tesked färsk ingefära
- En halv kopp färska korianderblad
- En fjärdedel färska basilikablad
- En kopp kycklingbuljong
- En tesked finhackad citrongräs
- En tesked hackad vitlök
- Två matskedar sesamolja
- Ett ägg
- En halv kopp kyckling
- Två koppar kokt brunt ris

INSTRUKTIONER:
a) Ta en wok.
b) Tillsätt malet citrongräs, vitpepparkorn, hackad vitlök, kinesiska femkryddor, röd chili, basilikablad och ingefära i woken.
c) Lägg i kycklingbitarna i pannan.
d) Woka i kycklingbitarna.
e) Tillsätt kycklingbuljongen och såserna i wokblandningen.
f) Koka rätten i tio minuter.
g) Tillsätt det kokta bruna riset i blandningen.
h) Blanda riset väl och koka det i fem minuter.
i) Blanda ihop allt.
j) Tillsätt koriandern i skålen.
k) Blanda riset och stek i några minuter.
l) Tillsätt riset i skålar.
m) Stek äggen ett och ett.
n) Lägg det stekta ägget ovanpå skålen.
o) Din rätt är redo att serveras.

60. Kryddig grönsaksskål

INGREDIENSER:
- Två koppar brunt ris
- En kopp srirachasås
- En kopp gurka
- Två matskedar inlagd rädisa
- En matsked Sichuanpeppar
- En matsked risvinäger
- En kopp rödkål
- En kopp groddar
- Två matskedar rostade jordnötter
- Två koppar vatten
- Salt att smaka
- Svartpeppar efter smak
- Två matskedar sojasås
- En tesked pressad vitlök

INSTRUKTIONER:
a) Ta en kastrull.
b) Tillsätt vattnet i pannan.
c) Tillsätt det bruna riset och koka väl i cirka tio minuter.
d) Koka grönsakerna i en panna.
e) Tillsätt Sichuanpeppar och resten av kryddorna och såsen i pannan.
f) Blanda ingredienserna väl.
g) Dela ut när det är klart.
h) Tillsätt brunt ris i en skål.
i) Lägg grönsakerna ovanpå.
j) Din rätt är redo att serveras.

61.Kinesisk Ground Turkiet skål

INGREDIENSER:
- Två teskedar risvin
- En tesked strösocker
- En kvart tesked Sichuanpeppar
- Två teskedar hackad röd chili
- Svartpeppar
- Salt
- En matsked hackad vitlök
- En matsked ostronsås
- En matsked ljus sojasås
- En halv kopp finhackad vårlök
- Två teskedar sesamolja
- Fyra teskedar mörk sojasås
- Två koppar malen kalkon
- Två koppar kokt ris

INSTRUKTIONER:
a) Ta en stor panna.
b) Hetta upp oljan i en kastrull och tillsätt kalkonen i den.
c) Lägg i den hackade vitlöken i pannan.
d) Tillsätt risvinet i pannan.
e) Koka blandningen väl i cirka tio minuter tills de är rostade.
f) Tillsätt strösocker, Sichuanpeppar, röd chilipeppar, mörk sojasås, ostronsås, ljus sojasås, svartpeppar och salt i pannan.
g) Koka ingredienserna väl i cirka femton minuter.
h) Tillsätt riset i två skålar.
i) Lägg den kokta kalkonblandningen ovanpå.
j) Din rätt är redo att serveras.

62.Nötfärsrisskålar

INGREDIENSER:
- Två teskedar risvin
- En tesked strösocker
- En kvart tesked Sichuanpeppar
- Två teskedar hackad röd chili
- Svartpeppar
- Salt
- En matsked hackad vitlök
- En matsked ostronsås
- En matsked ljus sojasås
- En halv kopp finhackad vårlök
- Två teskedar sesamolja
- Fyra teskedar mörk sojasås
- Två koppar nötfärs
- Två koppar kokt ris

INSTRUKTIONER:
a) Ta en stor panna.
b) Hetta upp oljan i en kastrull och tillsätt köttet i den.
c) Lägg i den hackade vitlöken i pannan.
d) Tillsätt risvinet i pannan.
e) Koka blandningen väl i cirka tio minuter tills de är rostade.
f) Tillsätt strösocker, Sichuanpeppar, röd chilipeppar, mörk sojasås, ostronsås, ljus sojasås, svartpeppar och salt i pannan.
g) Koka ingredienserna väl i cirka femton minuter.
h) Tillsätt riset i två skålar.
i) Lägg den kokta köttblandningen ovanpå.
j) Din rätt är redo att serveras.

63.Krispig risskål

INGREDIENSER:
- Två koppar kokt brunt ris
- En kopp srirachasås
- En matsked tamari
- En matsked risvinäger
- Salt att smaka
- Svartpeppar efter smak
- Två matskedar sojasås
- En tesked pressad vitlök
- Två matskedar matolja
- En kopp knaprig risdressing

INSTRUKTIONER:
a) Tillsätt oljan i en kastrull.
b) Tillsätt kokt ris i pannan.
c) Blanda riset väl.
d) Låt det bli knaprigt.
e) Koka i cirka tio minuter.
f) Ta en liten skål.
g) Tillsätt resten av ingredienserna i skålen.
h) Blanda ingredienserna väl.
i) Tillsätt krispigt ris i en skål.
j) Ringla den beredda såsen ovanpå.
k) Din rätt är redo att serveras.

64.Salta Sticky Rice Bowl

INGREDIENSER:
- En matsked ostronsås
- Två kinesiska chilipeppar
- En kopp salladslök
- En halv matsked sojasås
- Två teskedar finhackad vitlök
- Tre matskedar matolja
- En halv kopp varm sås
- Två koppar blandade grönsaker
- Salta efter behov
- Hackad färsk koriander till garnering
- En kopp korv
- En kopp kokt klibbigt ris

INSTRUKTIONER:
a) Ta en stor panna.
b) Tillsätt matoljan i pannan och värm upp den.
c) Lägg i grönsakerna och salladslöken i pannan och fräs den.
d) Lägg i korvarna och koka väl.
e) Tillsätt den hackade vitlöken i pannan.
f) Tillsätt sojasås, fisksås, kinesisk chilipeppar, varm sås och resten av ingredienserna i blandningen.
g) Koka rätten i tio minuter.
h) Dela ut ingredienserna.
i) Lägg det klibbiga riset i skålar.
j) Lägg den beredda blandningen ovanpå.
k) Garnera skålarna med hackade färska korianderblad.
l) Din rätt är redo att serveras.

65.Hoisin Beef Bowl

INGREDIENSER:
- Två koppar brunt ris
- En kopp hoisinsås
- En matsked Sichuanpeppar
- En matsked risvinäger
- Två koppar nötköttsremsor
- Två koppar vatten
- Salt att smaka
- Svartpeppar efter smak
- Två matskedar sojasås
- En tesked pressad vitlök

INSTRUKTIONER:
a) Ta en kastrull.
b) Tillsätt vattnet i pannan.
c) Tillsätt det bruna riset och koka väl i cirka tio minuter.
d) Koka biffstrimlorna i en panna.
e) Tillsätt hoisinsås och resten av kryddorna och såsen i pannan.
f) Blanda ingredienserna väl.
g) Dela ut när det är klart.
h) Tillsätt brunt ris i en skål.
i) Lägg nötköttblandningen ovanpå.
j) Din rätt är redo att serveras.

66. Risskål med fläsk och ingefära

INGREDIENSER:
- Två teskedar risvin
- En kvart tesked Sichuanpeppar
- Svartpeppar
- Salt
- En matsked hackad ingefära
- En matsked ostronsås
- En matsked ljus sojasås
- Två teskedar sesamolja
- Fyra teskedar mörk sojasås
- Två koppar malet fläsk
- Två koppar kokt ris

INSTRUKTIONER:
a) Ta en stor panna.
b) Hetta upp oljan i en kastrull och tillsätt fläsket i den.
c) Tillsätt den hackade ingefäran i pannan.
d) Tillsätt risvinet i pannan.
e) Koka blandningen väl i cirka tio minuter tills de är rostade.
f) Tillsätt strösocker, Sichuanpeppar, röd chilipeppar, mörk sojasås, ostronsås, ljus sojasås, svartpeppar och salt i pannan.
g) Koka ingredienserna väl i cirka femton minuter.
h) Tillsätt riset i två skålar.
i) Lägg den kokta fläskblandningen ovanpå.
j) Din rätt är redo att serveras.

67.Vegansk Poke Bowl med sesamsås

INGREDIENSER:
- En kopp edamame
- En hackad morot
- Två koppar ris
- Två koppar skivad avokado
- En kopp sesamsås
- En kopp gurka
- En kopp lila kål
- En kopp knapriga tofukuber
- Två matskedar ingefära
- En matsked risvinäger
- Två koppar vatten
- Salt att smaka
- Svartpeppar efter smak
- Två matskedar ljus sojasås
- Två matskedar mörk sojasås
- En tesked pressad vitlök

INSTRUKTIONER:
a) Ta en kastrull.
b) Tillsätt vattnet i pannan.
c) Tillsätt riset och koka väl i cirka tio minuter.
d) ingredienserna till sesamsåsen i en skål.
e) Blanda ingredienserna väl.
f) Tillsätt brunt ris i en skål.
g) Lägg grönsakerna och tofun ovanpå.
h) Ringla sesamsåsen ovanpå.
i) Din rätt är redo att serveras.

68.Chili Kyckling Risskål

INGREDIENSER:
- En tesked vitpepparkorn
- En tesked färsk ingefära
- En matsked fisksås
- En matsked sojasås
- En halv tesked kinesisk femkrydda
- Två matskedar chili vitlökssås
- En kopp kinesisk röd chili
- En tesked finhackad citrongräs
- En tesked hackad vitlök
- Två teskedar sesamolja
- En kopp kycklingbitar
- Två koppar kokt ris

INSTRUKTIONER:
a) Ta en wok.
b) Tillsätt malet citrongräs, vitpepparkorn, hackad vitlök, kinesiska femkryddor, röd chili, basilikablad och ingefära i woken.
c) Ta en non-stick stekpanna.
d) Lägg i kycklingen i pannan.
e) Koka ingredienserna och dela ut dem.
f) Tillsätt såserna i wokblandningen.
g) Koka rätten i tio minuter.
h) Tillsätt kycklingen och koka den i fem minuter.
i) Blanda ner resten av ingredienserna i den.
j) Koka rätten i fem minuter till.
k) Lägg riset i två skålar.
l) Lägg kycklingblandningen ovanpå.
m) Din rätt är redo att serveras.

69.Tofu Buddha skål

INGREDIENSER:
- En matsked ostronsås
- Två kinesiska chilipeppar
- En matsked fisksås
- En halv matsked sojasås
- Två teskedar finhackad vitlök
- Tre matskedar matolja
- En halv kopp varm sås
- Två koppar blandade grönsaker
- Två koppar tofukuber
- Salta efter behov
- Hackad färsk koriander till garnering
- Två koppar kokt ris
- En kopp rostade jordnötter
- En kopp buddhadressing

INSTRUKTIONER:
a) Ta en stor panna.
b) Tillsätt matoljan i pannan och värm upp den.
c) Tillsätt grönsakerna och tofun i pannan och fräs den.
d) Tillsätt den hackade vitlöken i pannan.
e) Tillsätt sojasås, fisksås, kinesisk chilipeppar, varm sås och resten av ingredienserna i blandningen.
f) Koka rätten i tio minuter och tillsätt lite vatten till curry.
g) Dela ut ingredienserna.
h) Tillsätt riset i skålar.
i) Tillsätt den förberedda blandningen och dressingen ovanpå.
j) Garnera skålarna med hackade färska korianderblad.
k) Din rätt är redo att serveras.

70.Dan Rice Bowl

INGREDIENSER:
- En kopp malet fläsk
- En matsked srirachasås
- En halv kopp hackad selleri
- En halv kopp skivad salladslök
- En tesked risvin
- En tesked färsk ingefära
- En matsked sojasås
- En halv tesked kinesisk femkrydda
- En halv kopp färska korianderblad
- En halv kopp färska basilikablad
- En kopp nötbuljong
- En tesked hackad vitlök
- Två matskedar vegetabilisk olja
- Två koppar kokt ris

INSTRUKTIONER:
a) Ta en wok.
b) Tillsätt kryddorna i woken.
c) Tillsätt nötbuljongen och såserna i wokblandningen.
d) Koka rätten i tio minuter.
e) Tillsätt fläsket i blandningen.
f) Blanda fläsket väl och koka det i fem minuter.
g) Koka ingredienserna väl och blanda dem med resten av ingredienserna.
h) Minska värmen på spisen.
i) Tillsätt de torra nudlarna och vattnet i en separat kastrull.
j) Tillsätt det kokta riset i skålar.
k) Lägg den kokta blandningen ovanpå.
l) Lägg koriandern ovanpå.
m) Din rätt är redo att serveras.

71.Malet kycklingrisskål

INGREDIENSER:
- Två teskedar risvin
- En tesked strösocker
- En kvart tesked Sichuanpeppar
- Två teskedar hackad röd chili
- Svartpeppar
- Salt
- En matsked hackad vitlök
- En matsked ostronsås
- En matsked ljus sojasås
- En halv kopp finhackad vårlök
- Två teskedar sesamolja
- Fyra teskedar mörk sojasås
- Två koppar mald kyckling
- Två koppar kokt ris

INSTRUKTIONER:
a) Ta en stor panna.
b) Hetta upp oljan i en panna och lägg i kycklingen.
c) Lägg i den hackade vitlöken i pannan.
d) Tillsätt risvinet i pannan.
e) Koka blandningen väl i cirka tio minuter tills de är rostade.
f) Tillsätt strösocker, Sichuanpeppar, röd chilipeppar, mörk sojasås, ostronsås, ljus sojasås, svartpeppar och salt i pannan.
g) Koka ingredienserna väl i cirka femton minuter.
h) Tillsätt riset i två skålar.
i) Lägg den kokta kycklingblandningen ovanpå.
j) Din rätt är redo att serveras.

72. Citronnudelskål

INGREDIENSER:
- En kopp risnudlar
- En halv kopp citronsaft
- En kopp lök
- En kopp vatten
- Två matskedar finhackad vitlök
- Två matskedar finhackad ingefära
- En halv kopp koriander
- Två koppar grönsaker
- Två matskedar olivolja
- En kopp grönsaksfond
- En kopp hackade tomater

INSTRUKTIONER:
a) Ta en panna.
b) Tillsätt oljan och löken.
c) Koka löken tills den blir mjuk och doftande.
d) Tillsätt hackad vitlök och ingefära.
e) Koka blandningen och tillsätt tomaterna i den.
f) Tillsätt kryddorna.
g) Tillsätt risnudlarna och citronsaften.
h) Blanda ingredienserna noggrant och täck pannan.
i) Tillsätt grönsakerna och resten av ingredienserna.
j) Koka i tio minuter.
k) Dela den i två skålar.
l) Lägg koriander på toppen.
m) Din rätt är redo att serveras.

73.Vitlök och soja kyckling ris skål

INGREDIENSER:
- Två teskedar risvin
- En kopp soja
- En kvart tesked Sichuanpeppar
- Två teskedar hackad röd chili
- Svartpeppar
- Salt
- En kopp kycklingbitar
- En matsked hackad vitlök
- Två matskedar sesamolja
- Fyra teskedar mörk sojasås
- Två koppar kokt ris
- Två matskedar hackad vårlök

INSTRUKTIONER:
a) Ta en stor panna.
b) Hetta upp oljan i en panna.
c) Lägg i den hackade vitlöken i pannan.
d) Tillsätt kycklingen, risvinet och sojan i pannan.
e) Koka blandningen väl i cirka tio minuter tills de är rostade.
f) Tillsätt Sichuanpeppar, röd chilipeppar, mörk sojasås, svartpeppar och salt i pannan.
g) Koka ingredienserna väl i cirka femton minuter.
h) Dela riset i två skålar.
i) Lägg blandningen ovanpå.
j) Garnera rätten med hackad vårlök.
k) Din rätt är redo att serveras.

VIETNAMESISK KOMFORTMAT

74.Banh Mi risskål

INGREDIENSER:
- Två koppar kokt ris
- En tesked fisksås
- En kopp strimlad kål
- En kopp hackad salladslök
- Två matskedar hackad koriander
- En kopp fläskfilébitar
- En kopp inlagda grönsaker
- Två matskedar olivolja
- En kopp sriracha mayo
- Salt att smaka
- Svartpeppar efter smak

INSTRUKTIONER:
a) Ta en panna.
b) Tillsätt oljan i pannan.
c) Tillsätt fläsk, salt och svartpeppar.
d) Koka väl i cirka tio minuter.
e) Dela ut när det är klart.
f) Dela riset i två skålar.
g) Tillsätt fläsket, inlagda grönsaker, sriracha mayo och resten av ingredienserna ovanpå.
h) Garnera med koriander på toppen.
i) Din rätt är redo att serveras.

75. Nötkött och Crispy Rice

INGREDIENSER:
- Två koppar kokt brunt ris
- En kopp srirachasås
- En matsked fisksås
- En kopp kokta nötköttsremsor
- En matsked risvinäger
- Salt att smaka
- Svartpeppar efter smak
- Två matskedar sojasås
- En tesked pressad vitlök
- Två matskedar matolja

INSTRUKTIONER:
a) Tillsätt oljan i en kastrull.
b) Tillsätt kokt ris i pannan.
c) Blanda riset väl.
d) Låt det bli knaprigt.
e) Koka i cirka tio minuter.
f) Tillsätt alla såser och kryddor i blandningen.
g) Blanda ingredienserna väl.
h) Tillsätt krispigt ris i en skål.
i) Lägg det kokta nötköttet ovanpå riset.
j) Din rätt är redo att serveras.

76.Kyckling och Sirarcha risskål

INGREDIENSER:
- Två koppar kokt brunt ris
- En kopp srirachasås
- En matsked fisksås
- En kopp kycklingstrimlor
- En matsked risvinäger
- Salt att smaka
- Svartpeppar efter smak
- Två matskedar sojasås
- En tesked pressad vitlök
- Två matskedar matolja

INSTRUKTIONER:
a) Tillsätt oljan i en kastrull.
b) Tillsätt vitlök i pannan.
c) Blanda vitlöken väl.
d) Låt det bli knaprigt.
e) Lägg i kycklingbitarna.
f) Tillsätt alla såser och kryddor i blandningen.
g) Blanda ingredienserna väl.
h) Fördela det kokta riset mellan två skålar.
i) Lägg den kokta kycklingen ovanpå riset.
j) Din rätt är redo att serveras.

77.Citrongräs Beef Nudel skål

INGREDIENSER:
- Två koppar nudlar
- Två koppar vatten
- En tesked fisksås
- En kopp lök
- En kopp vatten
- Två matskedar finhackad vitlök
- Två matskedar finhackad ingefära
- En halv kopp koriander
- Två matskedar torkat citrongräs
- Två matskedar olivolja
- En kopp nötbuljong
- En kopp nötköttsremsor
- En kopp hackade tomater

INSTRUKTIONER:
a) Ta en panna.
b) Tillsätt oljan och löken.
c) Koka löken tills den blir mjuk och doftande.
d) Tillsätt hackad vitlök och ingefära.
e) Koka blandningen och tillsätt tomaterna i den.
f) Tillsätt kryddorna.
g) Tillsätt nötköttsremsorna, nötbuljongen och fisksåsen.
h) Blanda ingredienserna noggrant och täck pannan.
i) Koka i tio minuter.
j) Ta en kastrull.
k) Tillsätt vattnet i pannan.
l) Tillsätt nudlarna och koka väl i cirka tio minuter.
m) Dela nudlarna i två skålar.
n) Tillsätt nötköttsblandningen och koriander ovanpå.
o) Din rätt är redo att serveras.

78. Glaserad kycklingrisskål

INGREDIENSER:
- Två teskedar risvin
- En kvart tesked fisksås
- Svartpeppar
- Salt
- En matsked hackad ingefära
- En matsked ostronsås
- En matsked ljus sojasås
- En halv kopp finhackad vårlök
- Två teskedar sesamolja
- Fyra teskedar mörk sojasås
- Två koppar glaserade kycklingbitar
- Två koppar kokt ris

INSTRUKTIONER:
a) Ta en stor panna.
b) Tillsätt den hackade ingefäran i pannan.
c) Tillsätt risvinet i pannan.
d) Koka blandningen väl i cirka tio minuter tills de är rostade.
e) Tillsätt fisksås, mörk sojasås, ostronsås, ljus sojasås, svartpeppar och salt i pannan.
f) Koka ingredienserna väl i cirka femton minuter.
g) Tillsätt riset i två skålar.
h) Lägg den kokta blandningen ovanpå.
i) Lägg de glaserade kycklingbitarna ovanpå.
j) Din rätt är redo att serveras.

79. Vitlöksräkor Vermicelli

INGREDIENSER:

- En kopp ris vermicelli
- En tesked fisksås
- En kopp lök
- En kopp vatten
- Två matskedar finhackad vitlök
- Två matskedar finhackad ingefära
- En halv kopp koriander
- Två matskedar matolja
- En kopp räkbitar
- En kopp grönsaksfond
- En kopp hackade tomater

INSTRUKTIONER:

a) Ta en panna.
b) Tillsätt oljan och löken.
c) Koka löken tills den blir mjuk och doftande.
d) Tillsätt hackad vitlök och ingefära.
e) Koka blandningen och tillsätt tomaterna i den.
f) Tillsätt kryddorna.
g) Lägg i räkorna i den.
h) Blanda ingredienserna noggrant och täck pannan.
i) Tillsätt risvermicelli, fisksås och resten av ingredienserna.
j) Koka i tio minuter.
k) Dela den i två skålar.
l) Lägg koriander på toppen.
m) Din rätt är redo att serveras.

80.Nudelskål för kycklingdumpling

INGREDIENSER:
- En matsked ljus sojasås
- En halv kopp finhackad vårlök
- Två teskedar sesamolja
- Fyra teskedar mörk sojasås
- Två koppar ångade kycklingdumplings
- Två koppar kokta nudlar
- Två teskedar risvin
- En kvart tesked fisksås
- Svartpeppar
- Salt
- En matsked hackad ingefära
- En matsked ostronsås

INSTRUKTIONER:
a) Ta en stor panna.
b) Tillsätt den hackade ingefäran i pannan.
c) Tillsätt risvinet i pannan.
d) Koka blandningen väl i cirka tio minuter tills de är rostade.
e) Tillsätt fisksås, mörk sojasås, ostronsås, ljus sojasås, svartpeppar och salt i pannan.
f) Koka ingredienserna väl i cirka femton minuter.
g) Tillsätt nudlarna i två skålar.
h) Lägg den kokta blandningen ovanpå.
i) Lägg kycklingdumplings ovanpå.
j) Din rätt är redo att serveras.

81.Kyckling ris skål

INGREDIENSER:
- Två matskedar finhackad vitlök
- Två matskedar finhackad ingefära
- En halv kopp koriander
- Två matskedar matolja
- En kopp kycklingfond
- En kopp kycklingbitar
- En kopp hackade tomater
- Två koppar ris
- Två koppar vatten
- En tesked fisksås
- En kopp lök
- En kopp vatten

INSTRUKTIONER:
a) Ta en panna.
b) Tillsätt oljan och löken.
c) Koka löken tills den blir mjuk och doftande.
d) Tillsätt hackad vitlök och ingefära.
e) Koka blandningen och tillsätt tomaterna i den.
f) Tillsätt kryddorna.
g) Tillsätt kycklingbitarna, kycklingbuljongen och fisksåsen.
h) Blanda ingredienserna noggrant och täck pannan.
i) Koka i tio minuter.
j) Ta en kastrull.
k) Tillsätt vattnet i pannan.
l) Tillsätt riset och koka väl i cirka tio minuter.
m) Dela riset i två skålar.
n) Tillsätt kycklingblandningen och koriander ovanpå.
o) Din rätt är redo att serveras.

82.Risskål med kryddig nötkött

INGREDIENSER:
- En halv kopp koriander
- Två matskedar röd chilipeppar
- Två matskedar olivolja
- En kopp nötbuljong
- En kopp nötköttsremsor
- En kopp hackade tomater
- Två koppar brunt ris
- Två koppar vatten
- En tesked fisksås
- En kopp lök
- En kopp vatten
- Två matskedar finhackad vitlök
- Två matskedar finhackad ingefära

INSTRUKTIONER:
a) Ta en panna.
b) Tillsätt oljan och löken.
c) Koka löken tills den blir mjuk och doftande.
d) Tillsätt hackad vitlök och ingefära.
e) Koka blandningen och tillsätt tomaterna i den.
f) Tillsätt kryddorna.
g) Tillsätt nötköttsremsorna, röd chilipeppar, nötbuljong och fisksås.
h) Blanda ingredienserna noggrant och täck pannan.
i) Koka i tio minuter.
j) Ta en kastrull.
k) Tillsätt vattnet i pannan.
l) Tillsätt det bruna riset och koka väl i cirka tio minuter.
m) Dela det bruna riset i två skålar.
n) Tillsätt nötköttblandningen och koriander ovanpå.
o) Din rätt är redo att serveras.

83.Karamelliserad kycklingskål

INGREDIENSER:
- En halv kopp finhackad vårlök
- Två teskedar sesamolja
- Fyra teskedar mörk sojasås
- Två koppar kokta kycklingbitar
- Två matskedar socker
- Två koppar kokt ris
- Två teskedar risvin
- En kvart tesked fisksås
- Svartpeppar
- Salt
- En matsked hackad ingefära
- En matsked ostronsås
- En matsked ljus sojasås

INSTRUKTIONER:
a) Ta en stor panna.
b) Tillsätt den hackade ingefäran i pannan.
c) Tillsätt risvinet i pannan.
d) Koka blandningen väl i cirka tio minuter tills de är rostade.
e) Tillsätt fisksås, mörk sojasås, ostronsås, ljus sojasås, svartpeppar och salt i pannan.
f) Koka ingredienserna väl i cirka femton minuter.
g) Dela ut när det är klart.
h) Tillsätt socker i pannan och låt det smälta ner.
i) Lägg i de kokta kycklingbitarna och blanda väl.
j) Koka i fem minuter.
k) Tillsätt riset i två skålar.
l) Lägg den kokta blandningen ovanpå.
m) Lägg den karamelliserade kycklingen ovanpå.
n) Din rätt är redo att serveras.

THAI KOMFORT MAT

84. Thai jordnöt kokos blomkål Kikärtscurry

INGREDIENSER:
- Kokosolja: ½ matsked
- Vitlöksklyftor: 3, hackade
- Färsk ingefära: 1 matsked, riven
- Stor morot: 1, tunt skivad
- Blomkål: 1 litet huvud (3-4 koppar)
- Salladslök: 1 knippe, tärnad
- Kokosmjölk: 1 burk (lite) (15 ounces)
- Vegetarisk buljong eller vatten: 1-tredje kopp
- Röd currypasta: 2 matskedar
- Jordnötssmör (eller cashewsmör): 2 matskedar
- Glutenfri sojasås eller kokosnötsaminos: ½ matsked
- Mald gurkmeja: ½ tesked
- malen röd cayennepeppar: ½ tesked
- Salt: ½ tesked
- Röd paprika: 1 (julienerad)
- Kikärter: 1 burk (15 ounces) (sköljda och avrunna)
- Frysta ärtor: ½ kopp
- För att garnera:
- Färsk koriander
- Grönlök
- Jordnötter eller cashewnötter, hackade

INSTRUKTIONER:
a) Hetta upp en stor gryta. Koka kokosolja, vitlök och ingefära i 30 sekunder innan du tillsätter salladslöken, moroten och blomkålsbuketterna.
b) Vispa sedan ihop kokosmjölk, soja/kokosaminos, vatten, gurkmeja, jordnötssmör, röd cayennepeppar, currypasta och salt.
c) Tillsätt sedan paprikan och kikärtorna och koka i 10 minuter.
d) Rör ner de frysta ärtorna och koka ytterligare en minut.
e) Tillsätt hackade jordnötter/cashewnötter, salladslök och koriander till garnering.

85. Wokade zucchini och ägg

INGREDIENSER:
- Zucchini: 1, skalad och tärnad
- Ägg: 2
- Vatten: 2 matskedar
- Sojasås: 1 matsked
- Ostronsås: ½ matsked
- Finhackad vitlök: 2 klyftor
- Socker: ½ matsked

INSTRUKTIONER:
a) Värm 2 matskedar matolja på hög värme i en wok.
b) Lägg i hackade vitlöksklyftor och fräs i ca 15 sekunder.
c) Tillsätt 1 skalad och tärnad zucchini och fräs i 1 minut med vitlöken.
d) Flytta zucchinierna till 1 sida av woken och knäck 2 ägg på den genomskinliga sidan. Blandade ihop äggen i några sekunder innan de kombinerades med zucchini.
e) I en wok, kombinera ½ msk socker, 1 msk sojasås, ½ msk ostronsås och 2 msk vatten.
f) Rör om i ytterligare 2 till 3 minuter, eller tills zucchinierna har mjuknat och absorberat såsens smak. Servera sedan med en sida av ångat ris.

86. Veggie Pad Thai

INGREDIENSER:
FÖR THE PAD THAI:
- Breda risnudlar: 200 gram (7 oz)
- Jordnötsolja: 2 matskedar
- Vårlökar: 2, skivade
- Vitlöksklyftor: 1-2 (fint skivade)
- Varm röd chili: 1 st (fint skivad)
- Liten broccoli: ½ (skuren i buketter)
- Röd paprika: 1 st (fint skivad)
- Morötter: 2 (rakade till band med en snabbskalare)
- Rostade och osaltade jordnötter: ¼ kopp (30 gram, krossade)
- Färsk koriander: 1 näve (till garnering)
- Lime: 1st att servera

FÖR SÅSEN:
- Glutenfri sojasås: 5 matskedar
- Lönnsirap: 2-3 matskedar (anpassa efter smak)

INSTRUKTIONER:
a) Koka risnudlar, låt rinna av och häll sedan över lite olja så att de inte klibbar ihop och ställ åt sidan.
b) Värm 1 matsked olja i en stekpanna.
c) Tillsätt vårlöken, vitlöken och chilin och fortsätt att röra tills det doftar.
d) Lägg i en separat serveringsskål.
e) Värm ytterligare en matsked olja i samma wok/stekpanna och fräs broccolin i ca 2 minuter.
f) Rör ner röd paprika och morotsband tills de är kokta men fortfarande krispiga.
g) Lägg alla grönsaker i en separat skål.
h) Kombinera alla ingredienserna till såsen i en liten kopp och häll såsen i woken/stekpannarnas botten.
i) Tillsätt nudlarna och häll i dem med såsen. Rör ner vårlöken, chilin, vitlöken och de wokade grönsakerna och låt den bli varm i en minut eller 2.
j) Servera på tallrikar med krossade jordnötter, färsk koriander och limejuice, om så önskas.

87. Krossad potatis med Chile i thailändsk stil

INGREDIENSER:
- Olivolja: 4 matskedar
- Små nypotatis eller Yukon-guldpotatis: 2 pund koshersalt
- Fisksås: 2 matskedar
- Limejuice: 2 matskedar
- Risvinäger: 2 matskedar
- Malet Fresno eller Serrano chile: 1 matsked eller röd-
- pepparflingor: ½ tesked (plus mer efter smak)
- Sojasås eller tamari: 1 tsk
- Strösocker: 1 tsk
- Vitlöksklyfta: 1, riven
- Grovhackad färsk koriander: ¼ kopp
- Tunt skivad salladslök: ¼ kopp (vita och gröna delar)

INSTRUKTIONER:
a) Värm ugnen till 450 grader Fahrenheit.
b) Pensla plåten överallt med 1 msk olivolja.
c) Koka potatisen med 1 tum och 2 msk salt i en stor gryta.
d) Fortsätt att laga mat utan lock i 15 till 18 minuter, eller tills potatisen är gaffelmör. Låt den kokta potatisen rinna av i ett durkslag.
e) Under tiden kombinerar du fisksås, sojasås, limejuice, chili, risvinäger, socker och vitlök i en liten kopp och tillsätt sedan salladslöken och koriandern.
f) Lägg potatisen på den förberedda plåten.
g) Kross försiktigt varje potatis med botten av en måttbägare tills den är cirka ½ tum tjock. Ringla de återstående 3 matskedarna olivolja över potatisen och vänd för att täcka båda sidorna jämnt.
h) Rosta i 30 till 40 minuter tills de är gyllenbruna och knapriga, efter att ha smaksatts med ½ tsk salt.
i) Lägg upp potatisen på ett serveringsfat, krydda lätt med salt och häll såsen över dem. Servera omedelbart, garnerad med korianderblad.

88. Spaghetti Squash Pad Thai

INGREDIENSER:
FÖR SÅSEN:
- Tamari/sojasås: 3 matskedar
- Sweet chilisås: 3 matskedar
- Risvinäger: 1 matsked

FÖR THE PAD THAI:
- Spaghetti squash: 1 medium
- Extra virgin olivolja: (för duggregn)
- Havssalt: (för smaksättning)
- Rostad jordnötsolja: 2 matskedar
- Extra fast tofu: 14 uns (dränerad, pressad och tärnad)
- Majsstärkelse: 2 matskedar
- Broccoli: 1 litet huvud (endast buketter och hackad)
- Salladslök: 5, skivad
- Vitlöksklyftor: 3 medelstora, hackade
- Böngroddar: 1 rågad kopp

FÖR SERVERING:
- Sriracha
- Rostade jordnötter: (krossade)
- Limeklyftor
- Färsk koriander, hackad

INSTRUKTIONER:
a) Värm ugnen till 400 grader Fahrenheit.
b) Skrapa ur fröna ur spagettisquashen genom att skära den i ½ på längden. Ringla över olivolja, smaka av med salt och lägg med snittsidan uppåt på plåten.
c) Rosta i 1 timme, eller tills gaffeln är mjuk. Häll av eventuell kvarvarande vätska och skrapa sedan spaghettipumpan i strängar med en gaffel. Ställ den åt sidan.
d) Skapa såsen under tiden: I en liten mixerskål, kombinera alla ingredienser och rör om för att kombinera. Avsätta.
e) Värm en stor stekpanna på medelvärme. Kasta tofun i majsstärkelsen i en mixerskål. Koka tofun i stekpannan med jordnötsolja tills den är gyllene.
f) Tillsätt broccolin och koka i 3 minuter.
g) Kombinera böngroddar, salladslök, spaghetti squash och vitlök i en stor mixerskål.
h) Rör ner såsen för att täcka nudlarna jämnt.
i) Servera med limeklyftor, jordnötter, sriracha och koriander vid sidan av.

89. Ångade klimpar med shiitakesvamp

INGREDIENSER:
- Dumplingomslag: 1 paket (rund och fryst)
- Bananblad: 1

FÖR FYLLNING:
- Shitake-svamp: 3 koppar (färska och skivade)
- Tofu: 1 kopp (kubad, medelfast)
- Galangal: 1-2 tums bit (eller skivad ingefära)
- Vitlök: 3-4 kryddnejlika
- Vårlökar: 2, skivade
- Koriander: ½ kopp (blad och stjälkar) (färsk och hackad)
- Vitpeppar: ¼ tesked
- Sojasås: 3 matskedar
- Sesamolja: 2 matskedar
- Chilisås: 1 tsk (eller mer om du vill ha dem kryddiga)
- Vegetarisk kycklingfond/grönsaksfond: ¼ kopp

FÖR DUMPLINGAR:
- Majsstärkelse/mjöl: 1-2 msk
- Sojasås: till garnering

INSTRUKTIONER:
a) Låt bananbladet tina i minst 30 minuter.
b) Klä en ångkokare med 1 eller 2 lager bananblad.
c) I en matberedare, kombinera alla fyllningsingredienser och bearbeta tills det är mycket fint hackat men inte en pasta.
d) Placera 6 dumplingomslag på en ren arbetsyta på en gång. Förbered en liten skål med vatten för att försegla dumplings också.
e) Lägg 1 tesked av fyllningen i mitten av varje omslag.
f) Fukta sedan utsidan av omslaget med fingrarna (eller en bakelseborste) doppad i vatten.
g) För att stänga omslaget, lyft upp sidorna över fyllningen och tryck ihop. För att göra en dekorativ kant, nyp längs sömmen.
h) Ånga omedelbart dumplingsna, eller täck och kyl i upp till 3 timmar.
i) Ånga dumplings, lägg dem i en bananbladsfodrad ångkokare (de kan röra vid), och ånga i 15 till 20 minuter tills svampen är genomstekt.
j) Rör om med soja och chilisås innan servering.

90. Thailändsk tofu satay

INGREDIENSER:
LÖRDAG
- Fast tofu: 14 oz (fryst och tinad)
- Helfet kokosmjölk: ¼ kopp
- Vitlöksklyftor: 3, hackade
- Ingefära: 2 teskedar, riven
- Currypasta: 1 matsked
- Lönnsirap: 1 matsked
- Sojasås med låg natriumhalt: 2 matskedar
- Bambuspett: tio
- Koriander: efter smak
- Lime: efter smak
- Jordnötter: till garnering, hackade

JORDNÖTSSÅS
- Krämigt jordnötssmör: ¼ kopp
- Varmt vatten: 2 matskedar
- Currypasta: 1 matsked
- Lönnsirap: 1 matsked
- Sojasås: ½ matsked
- Risvinäger: ½ matsked
- Limejuice: 1 matsked
- Vitlök: ½ tesked, finhackad
- Sesamolja: ½ tesked
- Sriracha: ½ matsked

INSTRUKTIONER:
a) ingredienserna till marinaden i en mixerskål, tillsätt sedan den tinade tofun och rör försiktigt så att det täcker alla bitar.
b) Värm ugnen till 400 grader Fahrenheit. Riv den marinerade tofun i små bitar och trä upp dem på spett.
c) Grädda i 30-35 minuter på en bakplåtspappersklädd plåt, vänd halvvägs igenom.
d) Slå på broilern i 4-5 minuter till slut för att spetten ska bli knapriga och förkolnade kanter (bränns inte!).
e) I en liten kopp, vispa ihop alla ingredienserna till jordnötssåsen tills den är slät.
f) Servera satay översållad med sås och garnerad med malet koriander och jordnötter.

91. Thailändska wokade nudlar med grönsaker

INGREDIENSER:
- Vetenudlar i kinesisk stil: 5-8 uns (eller äggnudlar)
- Vegetabilisk olja: 2-3 matskedar (för wokning)
- Vitlöksklyftor: 4, hackade
- Galangal/ingfära: 2-3 matskedar, riven
- Schalottenlök/lila lök: ¼ kopp, hackad
- Morot: 1, skivad
- Shiitakesvampar: 5-8, skivade
- Broccoli: 1 litet huvud (hackat i buketter)
- Röd paprika: 1 liten, skivad
- Böngroddar: 2 koppar
- Garnering: färsk koriander/basilika
- Wokad sås:
- Färsk limejuice: 3 matskedar (eller mer efter smak)
- Sojasås: 3 matskedar (eller mer efter smak)
- Fisksås: 1 matsked (eller mer efter smak)
- Risvinäger: 3 matskedar (eller vitvinsvinäger)
- Ostronsås: 3 matskedar
- Teskedar socker: 1 och en ½-2 teskedar (eller mer efter smak)
- Vitpeppar: ¼ matsked
- Torkad krossad chili: ½ - ¾ tesked (eller mer efter smak)

INSTRUKTIONER:
a) Koka nudlarna tills de är al dente i lättsaltat vatten, låt rinna av och skölj med kallt vatten.
b) I en kopp, kombinera alla ingredienserna till woksåsen, rör om väl för att smälta sockret. Avsätta.
c) Värm en wok eller en stor stekpanna på medelhög värme.
d) Fräs vitlök, schalottenlök och ingefära i 1 minut i oljan.
e) Tillsätt morötterna och 1 till 2 matskedar av den woksås du gjorde tidigare.
f) Stek tills morötterna mjuknat något.
g) Tillsätt 3 till 4 teskedar av woksåsen plus röd paprika, broccoli och svamp.
h) Fortsätt att steka tills svampen och röd paprika mjuknat och broccolin blir ljusgrön men fortfarande knaprig.
i) Kombinera nudlarna och den återstående woka såsen i en stor mixerskål.
j) Vänd ner böngroddarna under den sista minuten av tillagningen.
k) Servera genast i skålar eller tallrikar med färsk koriander eller basilika strös över.

92.Thailändska risnudlar med basilika

INGREDIENSER:
- Thailändska risnudlar: 6-10 uns
- Vegetabilisk olja: 2 matskedar (för stekning)

FÖR TOPPEN:
- 1 näve basilika: till garnering, färsk
- 1 näve cashewnötter: för garnering (hackad/malen)

FÖR BASILIKASÅSEN:
- Basilika: ½ kopp, färsk
- Torra cashewnötter: ⅓ kopp (torrrostade och osaltade)
- Vitlöksklyftor: 3-4 st
- Kokos/olivolja: 4 matskedar
- Limejuice: 1 matsked (färskpressad)
- Fisksås/sojasås för vegetarianer: 1 msk
- 1 chili: valfritt

INSTRUKTIONER:
a) Koka upp vattnet i en kastrull, ta bort det från värmen och tillsätt nudlarna.
b) När du gör såsen, blötlägg nudlarna.
c) Nudlarna ska sedan rinna av och sköljas med kallt vatten för att undvika att de fastnar.
d) Blanda alla ingredienserna till basilikasåsen i en minihackare och blanda ihop allt.
e) På medelhög värme, häll i oljan i en stor stekpanna och vispa runt innan du tillsätter nudlarna.
f) Tillsätt 2 matskedar av såsen eller tills önskad mjukhet uppnås.
g) Ta kastrullen från värmen. Häll i resten av såsen för att fördela den jämnt.
h) Servera med ett stänk färsk basilika och hackade eller malda cashewnötter.

93. Ananas stekt ris

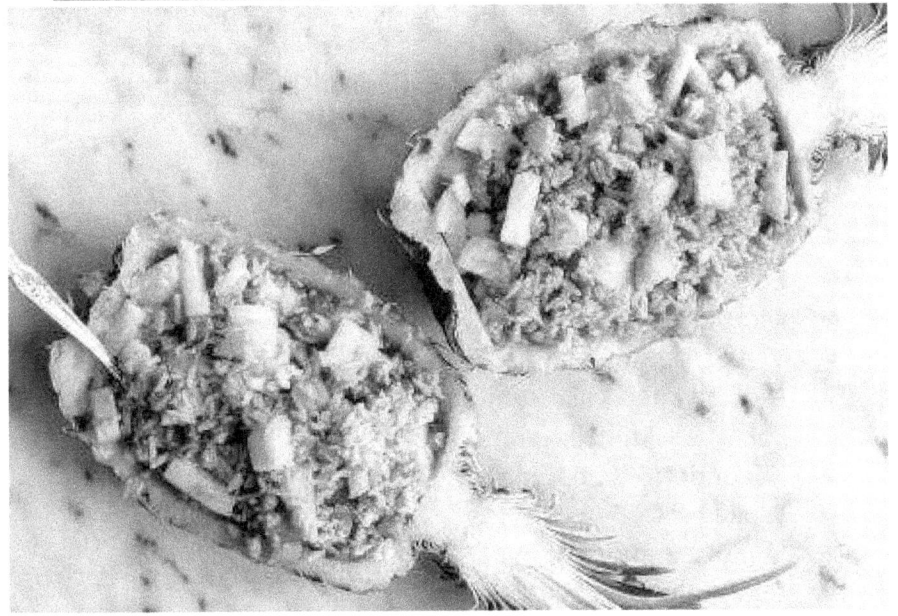

INGREDIENSER:
- Ananasbitar: 1 liten burk, avrunna/ färska ananasbitar: 1 och en ½ kopp
- Kokt ris: 3-4 koppar (föredrar flera dagar gammalt)
- Grönsaks-/faux kycklingfond: ¼ kopp
- Schalottenlök: 2 st (fint hackad)
- Vitlöksklyftor: 3 st (fint hackade)
- Röd eller grön chili: 1, tunt skivad
- Frysta ärtor: ½ kopp
- Morot: 1 liten, riven
- Vinbär/russin: ¼ kopp
- Osaltade hela cashewnötter: ½ kopp (rostade)
- Lökar: 3 st (fint skivade)
- Koriander: ⅓ kopp, färsk
- Wokad sås:
- Sojasås: 3 matskedar
- Currypulver: 2 teskedar
- Socker: ½ tesked

INSTRUKTIONER:
a) Kasta 1 matsked olja med riset, bryt upp eventuella klumpar med fingertopparna och ställ åt sidan.
b) Kombinera sojasås och curry i en kopp och vispa för att kombinera.
c) Ringla 1-2 msk olja i en wok/stor stekpanna på medelhög värme.
d) Rör ner chili, vitlök och schalottenlök tills de doftar, cirka 1 minut.
e) Rör ner ärtorna och morötterna.
f) Kombinera ananasbitarna, riset, vinbären, ärterna och cashewnötterna i en mixerskål.
g) Ringla över fisk/sojasåsblandningen med currypulvret och fräs under omrörning i 5 till 8 minuter.
h) Stäng av brännaren. Smaka av och justera smakerna.
i) Antag att servera på en fest, till en utskuren ananas). Servera med koriander och vårlök, och NJUT!

94.Thai kokosris

INGREDIENSER:
- Kokosolja/vegetabilisk olja: ½ tesked
- Thai jasmin vitt ris: 2 koppar (sköljt väl)
- Kokosmjölk: 2 koppar (på burk)
- Salt: ½ tesked
- Koppar vatten: 1 ¾ koppar

INSTRUKTIONER:
a) Gnid oljan över hela kanten i en djupgryta.
b) I en stor gryta, kombinera ris, salt, kokosmjölk och vatten.
c) Sluta röra tills vätskan har börjat bubbla försiktigt.
d) Täck ordentligt med lock och koka tills riset har absorberat det mesta av vätskan.
e) Dra åt sidan med en gaffel för att se om det är kokt.
f) Ånga några minuter längre om det fortfarande finns mycket vätska kvar. Stäng av värmen när vätskan är g1.
g) Håll den täckta grytan på den heta brännaren i ytterligare 5 till 10 minuter, eller tills du är redo att äta, med värmen avstängd.
h) Smaka av efter salt och lägg vid behov till en nypa till. Kombinera riset med dina favoriträtter för en utsökt måltid.

95. Thai gult ris

INGREDIENSER:
- Vegetabilisk olja: 2 matskedar
- Lök: ¼ kopp (finhackad)
- Vitlöksklyftor: 3, hackade
- Chiliflakes: ⅛-¼ teskedar (eller cayennepeppar)
- Röd paprika: ¼ kopp, tärnad
- Roma tomat: 1, tärnad
- Vitt thailändskt jasminris: 2 koppar (vitt basmatiris, okokt)
- Kycklingfond: 4 dl
- Lime: 1, saftad
- Fisksås: 2 matskedar (eller sojasås)
- Gurkmeja: ½ teskedar
- Saffran: ⅓-¼ tesked
- Frysta ärtor: ¼ kopp
- Salt att smaka
- Färsk basilika: en näve, till garnering

INSTRUKTIONER:
a) Värm en stor gryta över hög värme.
b) Häll i oljan och låt den snurra ordentligt.
c) Efter det, släng i chili, lök och vitlök.
d) Efter det, tillsätt tomat och röd paprika.
e) Rör ner riset så att det blir jämnt täckt.
f) Tillsätt sedan fonden och höj värmen till hög.
g) Kombinera fisksås, saffran (om du använder), gurkmeja och limejuice i en stor blandningsskål. Rör ihop allt ordentligt.
h) Låt 15 till 20 minuter för riset att koka.
i) Ta av locket och vänd ner ärtorna, rör försiktigt i riset allt eftersom.
j) Sätt tillbaka locket och låt riset stå i minst 10 minuter.
k) Ta av locket från riset och fluffa med en gaffel eller ätpinnar. Smaka av och smaka av med en nypa salt om det behövs.
l) Garnera med en kvist färsk basilika.

96.Wokad aubergine

INGREDIENSER:
TILL SÅSEN
- Sojasås: 1 och en ½ matsked
- Vegetarisk ostronsås: 2 matskedar
- Farinsocker: 1 tsk
- Majsstärkelse: 1 tsk
- Vatten: 2 matskedar

FÖR AUGBLANTEN
- Olja: 2-3 matskedar (för stekning)
- Lök: ½ (föredrar lila lök)
- Vitlöksklyftor: 6 (hackade, delade)
- Röda chili: 1-3
- Kinesiska japanska auberginer: 1 stor/2 tunnare
- Vatten: ¼ kopp (för stekning)
- Sojasås: 2 matskedar
- Färsk basilika: ½ kopp (delad)
- Jordnötter/cashewnötter: ¼ kopp (torrrostade, hackade)

INSTRUKTIONER:
a) Blanda alla ingredienser till såsen, utom majsstärkelse och vatten, i en mixerskål.
b) Kombinera majsstärkelsen och vattnet i en separat kopp eller skål. Avsätta.
c) Skär auberginen i små bitar.
d) Över medelhög värme, tillsätt 2 till 3 matskedar olja i en wok eller stor stekpanna. Tillsätt sedan ½ av vitlöken, löken, chili och aubergine i en mixerskål.
e) Tillsätt 2 msk sojasås och fortsätt steka tills auberginen är mjuk och det vita fruktköttet nästan genomskinligt.
f) Tillsätt resten av vitlöken och såsen tills auberginen är mjuk.
g) Tillsätt nu majsstärkelse-vattenblandningen. Rör hela tiden så att såsen tjocknar jämnt. Ta kastrullen från värmen.
h) Om rätten inte är tillräckligt salt, tillsätt sojasås eller citron/limejuice om den är för salt.
i) Tillsätt 3/4 av den färska basilikan och blanda kort för att kombinera.
j) Lägg på ett serveringsfat och toppa med resterande basilika och hackade nötter, om så önskas.

97. Thailändska wokade grönsaker

INGREDIENSER:
- Kinesisk broccoli: 1 knippe
- Ostronsås: 3 matskedar
- Vatten: 2 matskedar
- Sojasås: 1 tsk
- Socker: 1 tesked
- Olja: 1 matsked
- Vitlöksklyftor: 3, hackade

INSTRUKTIONER:
a) Skölj broccolin noga och skaka av överflödigt vatten.
b) Lägg undan stjälkarna, som ska skäras i 1-tums bitar.
c) Skär bladen i små bitar.
d) Kombinera ostronsås, sojasås, vatten och socker i en liten kopp.
e) Värm en wok eller en stor stekpanna över en hög låga. Snurra runt oljan.
f) Rör ner vitlöken i några sekunder.
g) Släng i stjälkarna och bladen, tillsammans med såsen.
h) Rör om och släng grönsakerna ofta tills bladen vissnat och stjälkarna är mjuka.

98. Thairörd spenat med vitlök och jordnötter

INGREDIENSER:
- Färsk spenat: 1 stort gäng
- Vitlöksklyftor: 4 st (fint hackade)
- Röd chili: 1
- Grönsaksfond: ¼ kopp
- Vegetarisk ostronsås/rörasås: 2 matskedar
- Sojasås: 1 och en ½ matsked
- Sherry: 1 matsked
- Farinsocker: 1 tsk
- Sesamolja: 1 tsk
- Röd paprika: ½ (valfritt, tunt skivad)
- Jordnötter eller cashewnötter: ¼ kopp (grovt hackade, för topping)
- Vegetabilisk olja: 2 matskedar

INSTRUKTIONER:
a) Kombinera fond, sherry, ostronsås, farinsocker och sojasås i en kopp. Avsätta.
b) Häll av spenaten efter att du sköljt den.
c) Värm en wok eller en stor stekpanna på medelhög värme.
d) Snurra i 1 till 2 matskedar vegetabilisk olja, tillsätt sedan vitlök och chili (om du använder).
e) Tillsätt rödpepparflingorna (om du använder).
f) Rör ner spenaten i några sekunder.
g) Rör ner woksåsen tills spenaten har kokat ner till en mörkgrön färg.
h) Ta av från värmen och smaka av för att justera smakerna.
i) Ringla sesamoljan ovanpå och strö över de hackade nötterna.

99. Thailändsk sojaböna i kålkoppar

INGREDIENSER:
- Sojaböna: 1 kopp
- Lök: ¾ kopp, hackad
- Vitlök: 2 teskedar, hackad
- Grön chili: 2 teskedar (hackad)
- Tomatsås: 2 matskedar
- Koriander: 3 matskedar (hackad)
- Sojasås: 2 och en ½ matskedar
- Thai röd currypasta: 1 matsked
- Böngroddar: ½ kopp
- Jordnötter: valfritt
- Citron: ¾ juice
- Vårlök: efter önskemål
- Koriander: hackad
- Chiliflakes: efter önskemål

INSTRUKTIONER:
a) Blötlägg sojabönan i minst ½ timme i vatten. 3-4 gånger tvättad.
b) Krama dem nu för att ta bort allt vatten.
c) Hetta upp 1 matsked olja i en wok.
d) Koka den hackade löken i en stekpanna.
e) Lägg hackad vitlök och grön chili,
f) Tillsätt sojabönan. Koka tills vattnet har avdunstat.
g) Tillsätt tomatsås, thailändsk röd currypasta och sojasås.
h) Tillsätt en nypa svartpeppar och fortsätt koka. Tillsätt nu vårlöken och koka tills de är knapriga.
i) Släng i vårlök, koriander, chiliflakes och en näve rostade jordnötter.
j) Pressa citronsaft och smaka av med salt.
k) Servera med små kålkoppar som garnering.

100.Thaibakad sötpotatis och Ube

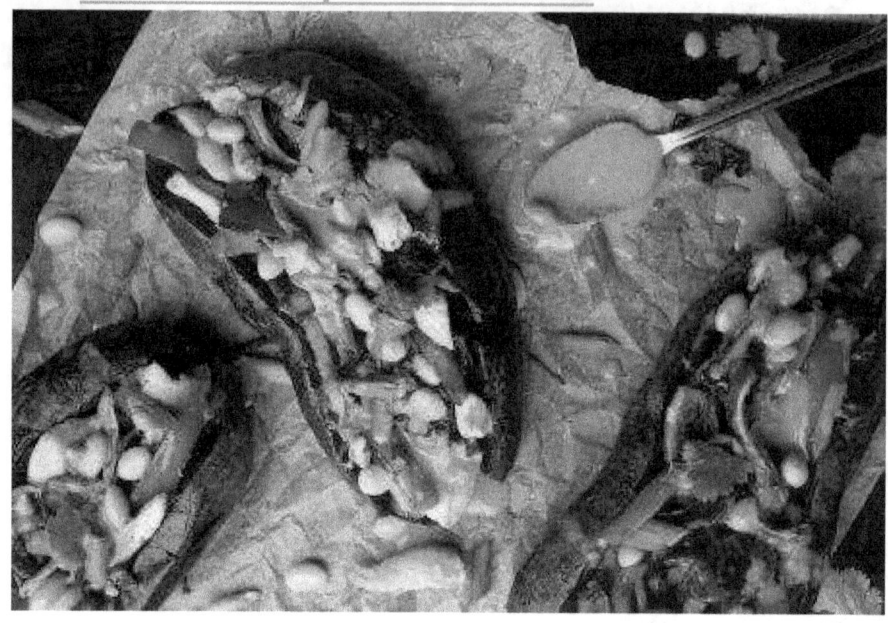

INGREDIENSER:
- Sötpotatis: 2 (skalad och tärnad)
- Jams: 3-4 (lila, skalade och tärningar)
- Stor morot: 1 (hackad/skivad)
- Kokosolja/vegetabilisk olja: 3 matskedar
- Cayennepeppar: ½ tesked
- Kummin: ¼ tesked
- Kumminfrön: 1 tsk (hela)
- Sirap: 2 matskedar (brunt ris/lönnsirap)
- Salt att smaka
- Svartpeppar: efter smak
- Koriander: 1 näve (hackad färsk)
- Röd chili: 1 hackad (valfritt, för garnering)

INSTRUKTIONER:
a) Värm ugnen till 350 grader Fahrenheit.
b) Kombinera de hackade grönsakerna i en platt gryta.
c) Strö kumminfrön, cayennepeppar och mald spiskummin över oljan.
d) För att blanda, blanda ihop allt ordentligt.
e) Sätt in formen i ugnen i 45 minuter efter att du har tillsatt 3 matskedar vatten.
f) Ta ut grönsakerna ur ugnen när de är mjuka. Tillsätt smöret (om det används) och ringla över sirapen, låt dem ligga kvar i ugnsformen.
g) Krydda med salt och peppar och blanda ihop.
h) Smaka av och tillsätt mer salt om det behövs.
i) Garnera med koriander och chili (om du använder).

SLUTSATS

När vi avslutar vår hjärtvärmande resa genom "DEN VÄSENTLIGA ASIATISKA KOMFORT MAT GUIDE", hoppas vi att du har upplevt de själstillfredsställande smakerna och den kulturella rikedomen hos det asiatiska komfortköket. Varje recept på dessa sidor är en hyllning till de tröstande smaker, tekniker och influenser som gör asiatisk tröstmat till en källa till glädje och nostalgi – ett bevis på de hjärtvärmande nöjen som ger tröst till själen.

Oavsett om du har njutit av nudelsoppornas rikedom, anammat enkelheten hos risrätter eller njutit av sötman i asiatiskt inspirerade desserter, litar vi på att dessa recept har väckt din uppskattning för de olika och djupt tillfredsställande smakerna av asiatisk matlagning. Utöver ingredienserna och teknikerna, kan "DEN VÄSENTLIGA ASIATISKA KOMFORT MAT GUIDE" bli en källa till inspiration, koppling till kulturella traditioner och en hyllning av glädjen som kommer med varje tröstande tugga.

När du fortsätter att utforska världen av det asiatiska komfortköket, må denna guide vara din pålitliga följeslagare, som guidar dig genom en mängd olika recept som visar upp värmen, rikedomen och själstillfredsställande karaktären hos dessa älskade rätter. Här ska du njuta av bekvämligheten av asiatiska smaker, återskapa hjärtvärmande måltider och omfamna glädjen som kommer med varje tugga. Glad matlagning!

www.ingramcontent.com/pod-product-compliance
Lightning Source LLC
Chambersburg PA
CBHW071334110526
44591CB00010B/1138